A mes
Voisins
Lise
& Maya
Bonne Chance
xxx/2

DU MÊME AUTEUR

J'AIME MON CHIEN

PRIX SPA 1988

Dr Karim Daoud

Préface d'Allain Bougrain-Dubourg

J'AIME MON CHAT

Avec la collaboration de Jeannine de Cardaillac
et Claire Leschemelle

Illustrations d'Hélène Muller

HACHETTE

SOMMAIRE

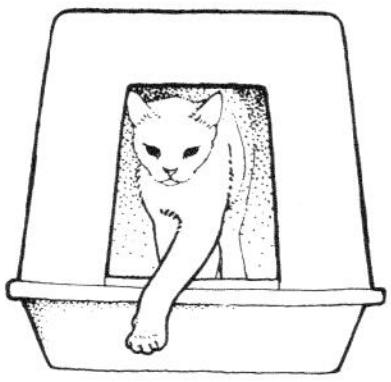

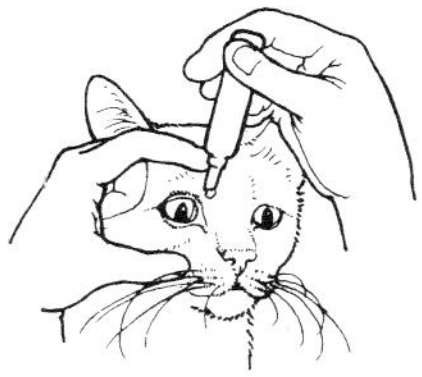

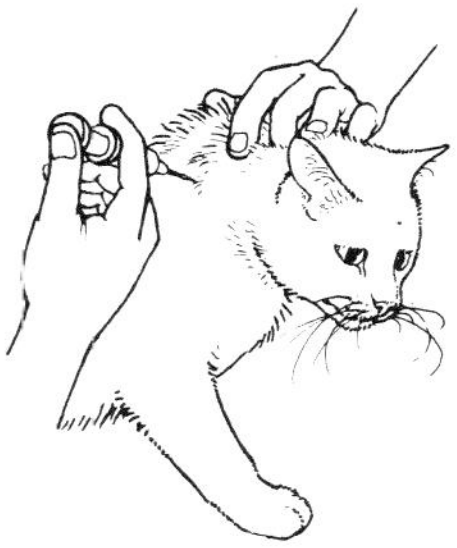

PRÉFACE

Karim Daoud n'a pas le « look » du vétérinaire traditionnel. Et c'est peut-être pour cela que son ouvrage sort de l'ordinaire.

Dès l'obtention de son diplôme, il met sa compétence au service de la S.P.A. A ses yeux, animal doit rimer avec morale !

Peu à peu, le jeune véto se transforme en homme de terrain, mettant tout en œuvre pour faire reculer la souffrance et faire progresser le respect à l'égard de nos voisins, les animaux. Son expérience l'amène rapidement à comprendre que l'harmonie à atteindre, entre les animaux et nous, passe par la pédagogie. Il se lance alors dans les cours de secourisme animalier, les publications dans les revues pour enfants ou les conférences... On le lit et on l'écoute car il parle un nouveau langage : simple, direct, efficace et toujours chargé de sensibilité. Le titre et le logo de cet ouvrage en sont une illustration.

Refusant de s'enfermer dans une sombre approche encyclopédique, Karim Daoud nous offre la possibilité de devenir responsables et de faire face aux impondérables qui ponctuent l'existence de nos compagnons félins. Une merveilleuse cohabitation s'engage par le choix de l'animal et se poursuit à travers l'attitude que nous devons adopter pour lui offrir le meilleur « quotidien » possible. L'idée principale reste simple : vous voyez une anomalie, observez

et... agissez en conséquence ! Pour autant, il n'est pas question de se substituer au vétérinaire, mais au contraire de lui faciliter la tâche dans l'intérêt de tous. A commencer par celui de l'animal.
Outre l'approche préventive, vous noterez au passage que Karim Daoud sait aussi prendre position. Il refuse le dégriffage des chats. Il se montre méfiant à l'égard de certains marchands. Il encourage la stérilisation...
En résumé, il prouve à travers son livre ce qu'énonce déjà le titre « J'aime mon chat ». Merci Toubib !

Allain Bougrain-Dubourg

LE PREMIER CHAT

C'est décidé : il vous faut la présence d'un chat à la maison !

Vous avez déjà longuement réfléchi et vous savez que contrairement au chien, le chat est un animal qui, toute sa vie, conserve ses instincts sauvages.

Pour qu'il soit heureux, il vous faudra le traiter en chat. Respecter son indépendance, le laisser chasser, défendre son territoire et ne lui donner votre affection que lorsqu'il la désirera. Ainsi, en respectant sa solitude tranquille, en vous chargeant de son alimentation, de son hygiène, en veillant à ce qu'il ait chaud, s'amuse et se sente en sécurité, vous vous en ferez un ami éternel.

Quel chat choisir ?

Plus rien ne peut ébranler votre décision. Vous êtes prêt à comprendre et aimer ces drôles de félins. La seule question qui vous préoccupe encore c'est : un chat oui, mais un chat comment ?

Un chat de race ou de « gouttière » ? Avec des yeux ronds, ou en amande ? Avec un poil uni, une robe tachetée ? Un mâle ou une femelle ?...

Un chat de « gouttière » ou un chat de race ?

Un chat commun ou de gouttière. Lui, c'est le chat des rues. On le rencontre un peu partout dans les

villes et les campagnes : sur les toits, dans les cours, dans les cimetières, dans les fermes ou le long des petites routes. Chats errants, ils sont souvent sans domicile et apprécient leur liberté : ils peuvent difficilement être domestiqués. Chacun d'eux appartient à une famille où il y a eu tellement de croisements différents qu'on ne peut plus savoir à quoi ressemblaient leurs parents.

Ces chats présentent toutes les variétés de robes possibles et imaginables. Ils sont aussi gracieux, affectueux, vifs et joueurs que le plus beau des chats de race, et souvent moins fragiles. Attention de ne pas les confondre avec les chats de race européenne (voir p. 18), car parfois ils se ressemblent beaucoup.

Chats communs ou de « gouttière »

Un chat de race. Pourquoi pas ? Mais, qu'est-ce que ça signifie exactement « de race » ?

Une race, c'est une sélection. Depuis plusieurs générations les éleveurs ont veillé à ce que les parents, les grands-parents et les arrière-grands-parents du chat soient de la même race. Ainsi, de père en fils, physiquement ils se ressemblent tous.

A quelques détails près, on peut même présager des grands traits de leur caractère : leurs habitudes, leurs exigences, leurs qualités et leurs... défauts.

Le seul inconvénient si l'on choisit d'acheter un chat de race c'est qu'il peut coûter fort cher !

Les différentes races

Il existe près de cent races différentes de chats. Il n'y a pas que la longueur et la couleur du poil qui varient selon la race, mais aussi le caractère de l'animal. Certains chats sont doux, sociables et aiment vivre avec des enfants. D'autres ne supportent pas qu'on les dérange et repoussent sans ménagement les débordements d'affection. Sans parler des chasseurs de souris : ceux-là, il n'est pas question de les mettre en laisse !
Avant de vous décider, renseignez-vous auprès des éleveurs et n'hésitez pas à consulter des revues spécialisées.

Les races de chats à poil long. Les chats à poil long ont le corps trapu, la tête de forme arrondie, le nez court et petit. Leur visage est éclairé par deux grands yeux ronds, leurs pattes sont larges et courtes et une superbe fourrure recouvre tout leur corps. La race la plus connue et la plus répandue est celle des ***persans.***

Très affectueux les persans ne manquent pas pour autant de personnalité. Leur fourrure épaisse et abondante demande un entretien quotidien. Et quoi de plus normal : une robe aussi splendide mérite bien quelques petites attentions (voir p. 48).

Le persan noir de jais sans aucun poil blanc dans sa fourrure est assez rare. Le chaton naît parfois

avec quelques « mèches » blanches qui disparaissent vers les sept mois ou, au contraire, avec une robe parfaitement noire qui, au bout de trois semaines, se retrouve parsemée de petits poils blancs ou gris.

On est parfois surpris de découvrir un jour que la fourrure de son chat persan est tachetée de reflets roux : c'est à cause du soleil ! En effet, son pelage s'éclaircit sous l'effet d'une trop forte lumière. Pour éviter cela, il n'y a qu'une seule solution : le protéger des endroits très ensoleillés. Mais quelques pointes rousses dans son poil ne s'accorderaient-elles pas parfaitement avec la couleur cuivre orangé de ses yeux ?

Le persan blanc. Tous les chats de cette race sont entièrement blancs. Un seul moyen permet de les distinguer les uns des autres : la couleur de leurs yeux !

Ceux qui ont les yeux bleus sont parfois sourds à la naissance. Il faut donc faire attention au moment de l'achat et s'assurer que le chat entend bien. Pour cela, claquez des doigts pour voir s'il réagit au bruit.

S'il a les yeux orange, il est issu du croisement de persan bleu et de persan crème et contrairement au persan blanc aux yeux bleus, il ne présente aucun signe de surdité.

Le persan blanc aux yeux vairons, lui, a un œil orange et l'autre bleu. Issu du croisement d'un persan aux yeux bleus et d'un persan aux yeux orange, il a hérité non pas de deux yeux d'une seule et même couleur — obtenue par le mélange du bleu et de l'orange — mais bel et bien d'une couleur pour chaque œil ! Il est assez difficile de savoir quelle sera la couleur définitive de chacun de ses yeux avant qu'il n'ait atteint l'âge de deux mois.

Le persan bleu est le chat de race que l'on rencontre le plus souvent et qui est le plus populaire ! La couleur de son poil bleu lavande a été obtenue par un croisement entre un persan blanc et... un persan noir. À l'origine, ses yeux étaient verts. À présent ils sont plus cuivrés et tendent vers l'orange. Certains ont parfois un fin liséré vert qui cerne leur iris. C'est très joli mais c'est considéré comme un défaut dans les concours de beauté !

– Le croisement d'un persan mâle bleu et d'une femelle persan crème donne... un *persan bleu-crème* évidemment ! La plupart des chatons issus de ce croisement sont des femelles. Rares sont ceux qui naissent de sexe mâle et, si c'est le cas, ils sont stériles, ce qui signifie qu'ils ne peuvent avoir d'enfant. Encore un de ces hasards de la génétique !

– Changeons un peu de palette : certes le bleu lavande est superbe mais que pensez-vous de la couleur crème ? Élégante, pure, une robe crème c'est « l'éternelle jeunesse » ! Et comment faire naître un *persan crème ?* C'est tout simple : en croisant un persan roux avec un persan bleu. Les petits naissent parfois avec des taches, mais rassurez-vous, elles disparaissent avec l'âge.

Le persan roux est un chat qui a du caractère. Malheureusement, il est très rare que sa fourrure rousse soit de couleur parfaitement unie. Plus couramment, les persans roux ont le poil légèrement tacheté ou marbré d'une couleur différente.

Le persan chinchilla a des yeux immenses. On dirait des émeraudes ! Et des petits cernes noirs tout autour, à croire que madame chinchilla s'est donné un subtil coup de crayon à maquillage. Mais il n'en est rien. Ce regard surprenant est tout ce qu'il y a de plus naturel ! Quant à son poil blanc légèrement moucheté de noir aux reflets argentés, c'est un véritable cadeau de la nature.

Le persan fumé est issu du croisement entre chinchilla et persan noir ; il en existe deux sortes.

Le fumé noir a le sous-poil blanc, et sa robe noire vire à l'argenté sur les côtés et sur les flancs. Son collier est touffu et il a les pieds noirs.

Le fumé roux a, lui aussi, le sous-poil blanc mais sa robe est rousse.

Tous deux ont les yeux couleur cuivre et sont doués d'une grande intelligence. Ils sont affectueux avec la famille.

Les persans bicolores, comme leur nom l'indique, sont de deux couleurs. Noir et blanc, roux et blanc ou crème et blanc, ils ont toujours un « V » inversé de couleur qui couvre leur visage. Leurs

Persan écaille-de-tortue

Persan chinchilla

Persan bicolore

Persan fumé bleu

Persan tabby argent

Persan tabby brun

Persan colour point lilas

Persan colour point roux

pieds, leurs pattes, leur poitrine et leur museau sont blancs. Leur tête, leur queue et leurs jambes sont noires, rousses ou crème. Une chose est sûre, ils ont tous un regard de cuivre.

Les persans tabbies ont tous une robe tachetée ou rayée et ils sont « déguisés » de manière fort caractéristique. Leur front est orné d'un dessin en forme de « M » et le tour de leurs yeux est souligné d'un trait si noir qu'on penserait volontiers qu'ils portent de fines lunettes.

Le tabby argenté a une robe de couleur gris-argent avec des petites marques noires, comme si des papillons décoraient la fourrure de ses épaules. Son cou, ses pattes et sa queue également sont marqués par de charmants anneaux. N'oublions pas de préciser que ce chat robuste a les yeux verts ou noisette.

Le tabby roux est d'un roux intense, particulièrement sur la tête. Sa queue est très fournie et ses yeux sont orange cuivré.

Le tabby brun a de grands yeux orange. Son poil traversé de rayures blanches rappelle le pelage des grands félins. Très bon souricier, c'est aussi un chat de très bonne compagnie.

Le persan écaille-de-tortue. Sa robe est un mélange de taches rouges, noires et crème. Chacune de ces couleurs est nettement séparée des autres. Pour des raisons génétiques, presque tous les persans écaille-de-tortue sont des femelles. Les rares chats mâles naissent stériles. Pour être sûr que la femelle ait des petits qui lui ressemblent, il faut l'accoupler avec des persans noirs, roux ou crème. A la naissance, les chatons sont presque entièrement noirs. Ce n'est qu'en grandissant que leurs taches apparaissent.

Les persans écaille et blanc ont la fourrure parsemée de grandes taches rousses, noires et crème. Comme les persans écaille-de-tortue et les persans bleu-crème, il ne naît chez les persans écaille et blanc presque que des femelles. Pour se reproduire, elles doivent s'accoupler avec des persans bicolores.

Le persan colour-point est issu d'un croisement entre siamois et persans. Il a hérité de la robe des siamois et du poil long des persans. En plus, il a de grands yeux bleu saphir. A la naissance, les chatons peuvent être tout blancs mais cela change à partir de quatre mois et demi. Il existe plusieurs variétés de persans colour-point (voir encadré p. 23).

Les autres races à poil long

Le chat sacré de Birmanie ou birman. Sa robe est proche de celle du siamois (voir p. 20) mais sa fourrure est plus longue et a des reflets dorés. De petits gants blancs enveloppent juste les doigts de ses pattes avant, alors que sur ses pattes arrière, ils remontent jusqu'au talon. Il existe plusieurs variétés de chats birmans : des seal-point, blue-point, chocolate-point et lilac-point (voir encadré

p. 23). Les petits sont blancs à la naissance et ce n'est qu'au bout de quelques semaines qu'ils ont leur robe définitive. Adultes, ils sont joueurs, très calmes et affectueux.

L'angora. Très différent des autres chats à poil long, il se distingue par un corps fin, une tête et un nez allongés. En général de couleur blanche sa fourrure est moins abondante que celle des autres chats à poil long. Il existe presque autant de variétés d'angoras que de persans (noir, bleu, fumé, tabby, bicolore...). L'angora est un chat particulièrement intelligent, calme et doux.

Le balinais. Comme le siamois, il a le corps long et fin, la tête triangulaire et les yeux bleus mais son poil est plus long et sa queue bien touffue. De même que pour les siamois, on trouve chez les balinais toutes les variétés de couleur (voir encadré p. 23). Très affectueux, le balinais a la particularité de ne s'attacher qu'à un seul maître.

Le chat turc. Proche de l'angora, il a des marques rousses sur le poil et, chose étonnante, il aime se baigner. Plongeant volontiers dans les mares ou les rivières d'eau tiède, ce chat est un excellent nageur.

Chat birman bleu

Chat sacré de Birmanie

Angora noir

Les races de chats à poil court. On peut les classer en deux grandes catégories : Les chats européens à poil court et les chats étrangers à poil court. Les européens ressemblent aux chats communs (voir p. 8). Les étrangers, eux, sont regroupés ensemble non pas en fonction de leur pays d'origine — contrairement à ce que l'on pourrait croire — mais en fonction de la silhouette de leur corps.

Les chats européens

L'européen blanc. Sa fourrure est d'un blanc parfait, sans la moindre trace d'une autre couleur. Ses grands yeux peuvent être bleu saphir, orange ou vairons (un bleu et l'autre orange) Comme c'est souvent le cas chez les chats blancs aux yeux bleus, les chats européens blancs risquent d'être sourds. A la naissance, les petits peuvent très bien avoir quelques poils noirs mais ils disparaîtront avec l'âge. De même, la couleur définitive de leurs yeux n'est pas facile à déterminer avant qu'ils n'aient atteint l'âge de deux mois.

L'européen noir. Les plus purs ont les yeux de couleur orange et une robe qui ne présente pas le moindre poil blanc. Mais, attention, sous l'effet du soleil, leur fourrure peut prendre des reflets roux !

Le chartreux. Sa fourrure est épaisse et d'un bleu lumineux. Ses yeux ronds ont une couleur cuivre ou orangée. Calme, doux et très affectueux, ce chat n'en est pas moins un remarquable chasseur de souris.

L'européen écaille-de-tortue. Sa robe est parsemée de taches rousses et noires. Certaines variétés ont même des taches blanches. Cette race ne compte pratiquement que des femelles. Les très rares mâles sont toujours stériles.

L'européen bicolore. Roux et blanc, noir et blanc, bleu et blanc... les chats bicolores ont, comme leur nom l'indique, deux couleurs. Leur fourrure d'une couleur unie (rousse, noire ou bleue) est parsemée de grandes taches blanches.

Les européens tabbies. Leur fourrure est parsemée de magnifiques dessins tigrés ou mouchetés. Ce qui donne de grandes taches en forme de coquille d'huître sur les flancs ou de grandes raies noires qui glissent de la tête à la queue. De ce superbe chat, il existe trois variétés : le tabby roux, le tabby brun et le tabby argenté.

L'européen moucheté. Issu du croisement entre l'européen noir et le tabby argenté, il peut être de différentes couleurs : argenté à marques noires, roux à taches roux foncé, roux à taches claires.., etc.

Le chat de l'île de Man ou Manx. Quelle drôle d'allure ! Ce chat n'a rien d'un lapin même si ses pattes arrière sont un peu plus longues que ses pattes avant. Et son originalité ne s'arrête pas là : il n'a pas de queue ou, si peu, juste un petit bout pour faire semblant ! Comme les chats européens, le chat de l'île de Man peut être de toutes les couleurs.

Les chats étrangers

Le siamois. Sa tête triangulaire et son nez fin sont recouverts par un masque foncé. Il a de grands yeux bridés en amande et une robe claire qui lui donne fière allure. Affectueux, possessif et parfois même un peu jaloux, le siamois reste néanmoins un merveilleux compagnon. Il adore qu'on s'occupe de lui et qu'on le caresse.

Il sait parfaitement exprimer son désaccord

Rex
Burmese
Bleu russe
Abyssin
Oriental noir
Oriental bleu
Siamois
seal-point
Siamois tabby roux
Chaton siamois
chocolate-point

par des miaulements rauques qui disent bien ce qu'ils veulent dire ! Très résistant de nature, il peut en revanche s'affaiblir très vite s'il est atteint d'une maladie grave.

Il en existe de nombreuses variétés mais les plus courantes sont les seal-point, blue-point, chocolate-point et lilac-point (voir encadré p. 23).

Le bleu russe. Sa fourrure aux tendres reflets argentés est la plus douce et la plus soyeuse qui soit. Ses yeux sont d'un vert éclatant, ses deux grandes oreilles sont si fines qu'elles en deviennent presque transparentes.

L'abyssin. On pense que les abyssins sont les descendants directs des chats sacrés de l'Ancienne Égypte. Si on les observe bien, on remarque effectivement qu'ils ressemblent fort aux chats représentés par les statuettes égyptiennes. Ces chats sont particulièrement intelligents et aiment à vivre en toute liberté. Comme pour les autres races de chats, l'abyssin peut avoir différentes couleurs de fourrure : rousse, brun-roux, piquetée de noir, noire, brun foncé, bleue et parfois même on trouve des abyssins dont les poils sont de trois couleurs : blanc à la racine, roux au milieu et brun sur le dessus.

Les burmeses. Issus du croisement d'un chat birman brun et d'un siamois, ces chats ont toute la distinction du siamois avec, en plus, un poil doux comme du satin. Leur miaulement, quoique particulier, est bien plus discret que celui du siamois. Il existe plusieurs variétés de burmeses : bleu, chocolat, lilas, roux, crème, écaille-de-tortue, chocolat avec des taches rousses, gris-rosé avec des taches crème, bleu-crème. Sans oublier les burmeses zibeline qui ont la fourrure couleur café et les yeux jaune doré et non pas verts comme tous les autres chats burmeses.

Les chats orientaux. Ils ressemblent aux siamois mais ils n'ont pas de masque sur le museau et leurs extrémités sont de la même couleur que leur corps. Là encore, il en existe plusieurs variétés : noirs, blancs, bleus, fumés, roux, crème...

Les rex. Il n'y en a que deux variétés : le rex cornish et le rex devon. Ces chats à poils bouclés et très doux ressemblent à de véritables petits moutons jusqu'au bout de leurs moustaches qui sont frisées. Infatigables joueurs, ils ont de grands yeux verts, jaunes ou, ce qui est plus recherché, d'une couleur assortie à leur robe : celle-ci va du roux au gris en passant par le noir et le blanc, toutes les couleurs sont possibles.

Le sphinx. C'est un chat vraiment étrange. Il n'a pas un seul poil ! Son corps est uniquement recouvert d'un simple duvet très agréable à caresser. Ce chat est très rare mais, ne serait-ce que pour la curiosité de son aspect, il mérite bien que l'on signale son existence.

Les « points »

Le masque du visage, le bout des oreilles, le bout des pattes et de la queue constituent ce que l'on appelle les « points ». Ils sont d'une couleur différente de celle du reste du pelage de l'animal. La caractéristique commune à tous les chats colour-point : ils ont les yeux bleus.
Il en existe plusieurs variétés :

– Seal-point : fourrure crème et marques brun foncé
– Chocolate-point : fourrure ivoire et marques brun foncé
– Blue-point : fourrure blanc-bleuté et marques bleu foncé
– Lilac-point : fourrure magnolia et marques gris-rosé (lilas)
– Red-point : fourrure blanc crème et marques variant de l'orangé au roux
– Cream-point : fourrure blanc crème et marques jaune crème
– Tortie-point : fourrure crème et marques tachetées de roux et de crème
– Blue-cream-point : fourrure bleue ou blanc crème et marques bleues avec taches crème
– Lilac-cream-point : fourrure magnolia et marques gris-rosé avec taches crème.

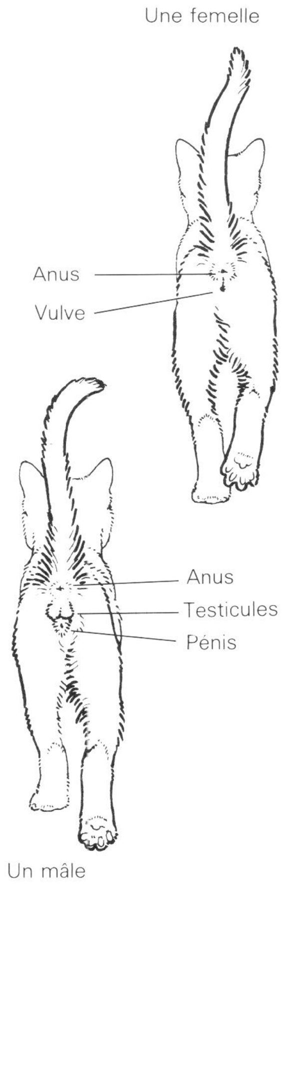

Un chat à poil long ou à poil court ?

Il va falloir trancher.

Certes, la fourrure d'un chat à poil long est superbe mais... quel travail ! Il faudra le coiffer chaque jour et, si votre maison est trop chauffée, il perdra beaucoup de poils, et tout au long de l'année.

Avec un chat à poil court, vous ne risquez pas ce genre de problème. Un coup de brosse de temps en temps et, en dehors de sa « mue » annuelle (voir p. 104), vous ne traquerez pas les poils semés un peu partout dans la maison.

Un chat ou une chatte ?

Le chat est un animal très indépendant. Le mâle l'est peut-être même plus que la femelle, qui est souvent plus affectueuse et plus douce.

Tous deux s'adaptent parfaitement à la vie en appartement, mais ils présentent chacun de leur côté quelques petits inconvénients.

Monsieur chat aime montrer aux autres qu'il est bien chez lui. Alors, il délimite son territoire en laissant des marques de griffes et en urinant un peu partout. Son urine qui sent très mauvais décourage vite les visiteurs. N'oublions pas non plus qu'il est fugueur et qu'il n'hésite pas, parfois, à s'échapper pour s'offrir une bonne bagarre avec ses congénères. Si ce comportement vous importune, vous aurez toujours la possibilité de le faire castrer (voir p. 84).

Madame chat, elle, ne se fait remarquer que durant la période des amours, mais d'une façon qui ne relève pas toujours de la plus grande discrétion : elle peut miauler des jours et des jours pour appeler les mâles alentour. Si on ne veut pas qu'elle ait des petits, il faudra la tenir enfermée tout le temps que dureront ses chaleurs (voir p. 66) ou la faire stériliser (voir p. 83).

Un chaton ou un chat adulte ?

Ne retirez jamais un chaton à sa mère avant l'âge de deux mois : il est encore trop petit !

S'il a moins d'un an, un jeune chat s'habituera facilement à la vie de famille. Très rapidement, il considérera ses maîtres comme sa propre tribu. Mais il faudra passer beaucoup de temps avec lui et s'en occuper. De plus, un chaton n'est pas de tout repos : il court, saute et grimpe sur tout ce qu'il voit et tout ce qui bouge. Attention aux bêtises et... patience : il faut que jeunesse se passe !

En choisissant un chat adulte on est sûr qu'il sera plus calme, et qu'il ne sera pas nécessaire d'être tout le temps à ses côtés pour le surveiller. D'un autre côté, un chat déjà éduqué peut avoir pris de mauvaises habitudes qu'il sera difficile de lui faire oublier. De plus, il mettra sûrement du temps avant de s'habituer à son nouveau foyer. À moins qu'il ne se laisse apprivoiser en deux jours !

Où le trouver ?

A présent, vous êtes sûr de vouloir un chat, vous avez décidé s'il sera de race ou de gouttière, il ne vous reste donc plus qu'à le trouver.

Surtout, prenez votre temps. Certes, il arrive parfois qu'un petit museau égaré pousse votre porte et que vous ne puissiez pas lui résister.

Sans oublier la découverte, au hasard d'une promenade, d'un miaulement qui attirera votre attention. Vous vous arrêtez, vous vous penchez, et voilà que vous apercevez une petite boule de poils tremblante, cachée sous une voiture, qui vous regarde de ses grands yeux écarquillés.

La surprise peut aussi être de trouver un jour un chat adulte sagement allongé sur votre paillasson ou devant le portail de votre jardin. Il est rare que l'on puisse résister à de telles rencontres. Ne dit-on d'ailleurs pas que le hasard fait bien les choses ?

Mais, il est assez rare que la providence vous apporte ainsi à domicile, comme par miracle, le chat de vos rêves.

C'est souvent à vous d'aller le chercher. Et, avant de vous arrêter sur le premier regard félin croisé, vous devez avoir bien réfléchi, et vous être renseigné sur les différentes races et leurs caractéristiques. Avoir un chat à la maison n'est pas une petite aventure. C'est une vie commune qui peut durer quinze ou vingt ans. Des années durant lesquelles vous vous amuserez beaucoup mais qui vous demanderont aussi du temps, de l'affection et certains petits sacrifices pour le soigner, le nourrir, l'emmener en vacances et... le bichonner.

Pour trouver un chat, le « bouche à oreille » est très efficace. Surtout si on cherche un chat de gouttière. Il y a aussi les très nombreuses petites annonces dans les salles d'attente des cabinets vétérinaires : « Donne très mignons chatons âgés de trois mois : un mâle noir et blanc, un mâle roux et une femelle tricolore. » Peut-être feront-elles votre bonheur ?

On peut l'acheter

Dans un élevage. L'éleveur est spécialisé dans l'élevage d'une race de chats avec ou sans pedigree (voir p. 29). Les éleveurs aiment leurs animaux, s'intéressent à leur vie, veillent à leur bien-être et, en général, s'en occupent très bien. Il faut se donner le temps de visiter plusieurs élevages avant de trouver celui qui vous semblera le plus sérieux. Vous devrez alors discuter avec l'éleveur. Ce n'est pas une perte de temps, mais plutôt une bonne garantie pour la santé du chat et son équilibre moral.

Pour avoir des adresses d'éleveurs, se renseigner auprès d'un club de chats (Cat Club) ou du Fichier national félin (voir p. 152).

Chez un marchand d'animaux. Ce n'est pas parce que ces boutiques sont situées près de chez vous

On repart avec l'heureux élu !

Un beau matin,
vous découvrez une maman
et sa portée
dans votre jardin

que vous devez vous y précipiter les yeux fermés. Soyez prudent ! Dans les boutiques spécialisées dans la vente d'animaux les règles ne sont pas toujours respectées. Les marchands n'élèvent pas les chats qu'ils proposent, mais les achètent chez un éleveur pour les revendre. Un bon nombre d'entre eux sont sérieux, s'en occupent bien, et ne vendent pas un animal comme on vendrait n'importe quel objet de commerce. Mais tous ne sont pas aussi attentionnés. Certains « stockent » leurs animaux en cage, et attendent le jour où un cœur amoureux viendra les repêcher. Là, il faut se méfier. On peut se retrouver avec un chat malade, devenu sauvage ou triste par manque de compagnie et d'affection.

On peut l'adopter

Voilà une idée qui va sûrement faire un heureux : un chat abandonné qui retrouve une famille, c'est merveilleux !

Si l'on veut adopter un chat, il faut aller dans un refuge. C'est l'endroit où les chats abandonnés ou perdus sont recueillis, nourris et soignés. Les personnes qui s'occupent de ces refuges appartiennent toutes à des Associations de Protection des Animaux (S.P.A. ou autres, adresses p. 152).

Les chats y sont suivis par un vétérinaire qui les vaccine, les tatoue et les stérilise (voir p. 83).

Si, dans les quinze jours qui suivent son adoption, votre chat tombe subitement malade, il est bon de savoir que le refuge s'engage souvent à le soigner gratuitement.

Pour adopter un chat en refuge on doit montrer « patte blanche ». Il faut :
– la présence des parents, si vous êtes mineur
– une pièce d'identité
– une quittance de loyer
– et prévoir une participation aux frais du refuge : un don de 330 francs environ.

Les papiers du chat

Après toutes ces expéditions et recherches, le nouveau compagnon est enfin trouvé. Avant de l'amener à la hâte dans sa nouvelle maison, il ne faut surtout pas oublier de demander au marchand ou à l'éleveur :

Le carnet de vaccination du chat. Il doit être vacciné contre le typhus et le coryza (voir p. 54).

Le certificat de vente. Sur ce certificat doivent être notés le signalement du chat, son numéro de tatouage, la date de vente et de livraison, le prix payé, le nom et l'adresse du vétérinaire auquel il faudra s'adresser en cas de maladie et les signatures du vendeur et de l'acheteur.

De cette façon, si votre chat se révèle avoir le typhus (voir p. 54) ou la leucémie infectieuse féline (voir p. 55), dans les quinze jours qui suivent sa date de livraison, vous êtes protégé par la loi.

Le tatouage dans l'oreille

Le certificat de tatouage. Le tatouage est un numéro à quatre chiffres et deux lettres inscrit à l'intérieur de l'oreille du chat. Il se fait faire par un vétérinaire à partir de l'âge de deux mois. Depuis le 1er janvier 1992, tous les chats faisant l'objet d'un transfert de propriété à quelque titre que ce soit, doivent être obligatoirement tatoués. Dans les départements officiellement déclarés infectés par la rage, le tatouage est obligatoire.

Le tatouage est une véritable carte d'identité ! En partant du numéro de tatouage d'un chat égaré, le Fichier national félin (voir p. 152) ou les vétérinaires peuvent retrouver dans leurs fichiers le nom, l'adresse et le numéro de téléphone de ses propriétaires qui seront vite prévenus.

Le pedigree du chat. C'est l'acte de naissance du chat. Dès l'âge de cinq semaines, les chats de race, qui ont droit à un pedigree, doivent être enregistrés à l'association des Cercles Félins de France. Le pedigree atteste la race du chat, son sexe, la couleur de sa robe et de ses yeux et sa date de naissance. On y relève aussi son arbre généalogique sur les quatre dernières générations.

Il suffit d'un tout petit défaut de rien du tout (un poil de couleur différente ou les yeux verts au lieu d'orange...) pour que le chat perde son pedigree.

Ceci n'est pas gênant, sauf si on veut le faire participer à des concours et des expositions ! Sachez que, sans pedigree, un chat de race vous coûtera beaucoup moins cher à l'achat.

Une fois toutes ces formalités achevées, il faut absolument consulter un vétérinaire pour être sûr que tout va bien, et ne pas risquer de mauvaises surprises.

Si vous perdez votre chat

Pour retrouver votre chat perdu, vous allez téléphoner au commissariat de police, à la S.P.A. et au Fichier national félin (voir p. 152).
Mais, dans les régions touchées par la rage, vous ne pouvez espérer le récupérer que s'il a été vacciné contre la rage et tatoué. Sinon il ne vous sera pas rendu... C'est la loi.

Si vous trouvez un chat.

Il s'est peut-être perdu et son maître est en train de le chercher... ou alors il a été abandonné! Avant de le toucher, assurez-vous qu'il est gentil. Mettez-le en confiance, parlez-lui, laissez-lui renifler le dos de votre main et caressez-le prudemment. Maintenant, en regardant à l'intérieur de ses oreilles, vous pouvez vérifier s'il a un tatoutage. S'il en a un, relevez-le et prévenez le Fichier national félin, la S.P.A., le commissariat ou la mairie : ils retrouveront le propriétaire.
Attention, si vous habitez dans une région où sévit la rage, il ne faut pas oublier que le chat a pu être contaminé (voir p. 55).

Le choisir en bonne santé

Pour vous assurer que le chat que vous allez acheter ou adopter est en bonne santé, retenez les quelques conseils qui suivent.

L'éleveur ou le marchand doit vous laisser examiner votre chat. Dans une portée, il faut toujours choisir le plus curieux et le plus éveillé des chatons. Souvent il n'est même pas nécessaire de le chercher. De lui-même, il vient se frotter contre vos jambes. Il suffit alors de le prendre dans vos bras et de le caresser. Content, il ronronne et n'arrête pas de jouer. Il est bien potelé, son poil brille et son œil ne manque pas de vivacité. C'est bon signe.

En passant votre main dans le sens contraire de son poil vous vérifierez qu'il n'a ni puces, ni croûtes. Regardez également si l'intérieur de ses oreilles est propre et si ses yeux ne coulent pas. Tâtez le bout de son nez : il est frais et humide. Voyons sa bouche : les dents sont blanches et la langue est bien rose. Et son ventre ? Il n'est pas gonflé. Soulevons un peu sa queue : ses fesses sont propres. Voilà un chaton en pleine forme !

Attention, l'enthousiasme d'avoir enfin trouvé votre chat ne doit pas vous faire oublier de vérifier si vous avez choisi un mâle ou une femelle, c'est important (voir p. 24).

LES SIGNES DE MAUVAISE SANTÉ	
Il est maigre, triste, couché dans un coin, son poil est ébouriffé et terne	Il doit être en mauvaise santé
Ses yeux sont rouges et larmoyants Il a des croûtes autour des narines Il éternue, son nez coule	Attention au coryza (voir p. 54)
Des petites plaques rouges sur la langue	Signe de typhus (voir p. 54) ou de coryza
Ses dents sont jaunes	C'est du tartre (voir p. 113)
Son ventre est gonflé	Ce sont des vers (voir p. 57)
Ses fesses sont sales	C'est un signe de diarrhée (voir p. 120)
Ses pattes sont déformées	C'est un signe de mauvaise croissance ou de manque de calcium
Il a de petites bêtes marron sous le poil	Ce sont des puces (voir p. 99)
Il a des croûtes ou des boutons sur la peau	C'est de l'eczéma (voir p. 100)
Il a de petites plaques rondes sans poils	C'est peut-être la teigne (voir p. 103)
Il a des croûtes marron dans les oreilles	C'est la gale des oreilles (voir p. 106)
Vérifiez s'il entend bien en claquant dans vos mains	Il peut être sourd

Il n'a pas l'air en pleine forme

LE NOUVEAU VENU

Préparons son arrivée

Ça y est, vous avez trouvé le chat que vous vouliez et il ne vous reste plus qu'à aller le chercher. Mieux vaut prévoir d'y aller au début d'un week-end. Une fois à la maison, le nouveau venu sera sûrement un peu perdu. Des nouvelles têtes, un territoire inconnu, une drôle de litière... il lui faudra du temps pour s'adapter à son nouvel environnement. Et, pour qu'il ne se sente pas abandonné, vous devrez rester souvent près de lui.

Comment le ramener ?

Surtout pas dans n'importe quel sac ! Le voyage pourrait devenir un véritable cauchemar pour la pauvre bête. Le chat doit se sentir bien à son aise, avoir de la place et pouvoir respirer. Il faut donc vous munir d'un panier spécial pour chat : en osier, en plastique, en cuir, en bois ou en métal.

Il existe toutes sortes et toutes tailles de paniers sur le marché. Surtout, ne l'achetez pas trop petit. Si vous allez chercher un chaton, vous pouvez déjà prévoir qu'il va grandir et lui prendre un panier pour adulte. Pour un petit chat, il n'y a jamais trop de place, au contraire, plus c'est large et grand, plus il est content et s'amuse.

Une fois le panier trouvé, il ne vous reste qu'à garnir le fond de serviettes absorbantes et, si c'est un jour de grand froid, n'hésitez pas à ajouter un vieux chandail ou une bonne vieille couverture.

Chat tabby brun

Est-ce qu'à la maison tout est prêt ?

Le bac à litière

Sa litière. C'est un bac rempli de sable spécial pour absorber les urines et... les odeurs !

– Dans le commerce vous trouverez deux sortes de bac : le bac tout simple ou le bac équipé d'un couvercle. Les chats timides préfèrent ces derniers. Ils peuvent venir s'y cacher et savent qu'ils y sont tranquilles. De plus, le couvercle retient mieux les odeurs.

– Tous les jours il faut changer le sable usagé. Si vous oubliez, le chat se chargera bien de vous le rappeler, et n'hésitera pas à aller faire ses besoins dans la baignoire, par exemple.

Certains chats ne supportent pas les litières vendues dans le commerce. Il faut alors les remplacer par du sable ordinaire ou du simple papier journal découpé en fines lamelles.

Son lit

Son lit. Comme nous, le chat dort. Aussi faut-il lui installer un petit lit. Mais on ne doit pas être susceptible ni s'étonner si, dès son arrivée, l'animal boude son coin pour se réfugier dans l'endroit le plus chaud et le plus douillet de la maison. C'est comme ça, et il n'y a rien à faire !

Dans le commerce, il existe deux différents modèles de lit pour chat :

– Les corbeilles d'osier : elles sont jolies, mais elles laissent passer les courants d'air et ne sont pas faciles à nettoyer.

– Les corbeilles en plastique n'ont pas ces inconvénients, c'est presque l'idéal !

– Rien n'empêche toutefois de fabriquer soi-même le « nid » de son chat. Une simple boîte en carton peut faire l'affaire. Recouvrez-en le fond d'une couche de papier journal, et la voilà isolée du froid ! Pour plus de confort, mettez sur le papier un vieux chandail ou une couverture.

Inutile de rappeler que les chats ont une sainte horreur de la saleté. Il vous faudra nettoyer régulièrement la couverture ou le chandail. Si le chat a des puces (voir p. 99), n'hésitez pas à saupoudrer du produit anti-puces sur toute la couverture avant de la laver. Les puces aiment se réfugier dans les lainages et, c'est connu, elles s'y multiplient très vite !

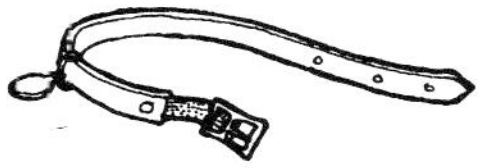

Son collier

Son collier. Mieux vaut choisir un collier élastique. Cela évite de retrouver un jour son chat accroché à une branche d'arbre !

Fixez à ce collier une médaille sur laquelle vous ferez inscrire : le nom du chat, votre nom à vous, votre adresse, et votre numéro de téléphone. Avec cette plaque au cou, si votre chat s'égare, on pourra très vite vous contacter et vous le ramener. Mais cela ne remplace pas le tatouage (voir p. 29).

Son grattoir

Son grattoir. C'est un objet absolument indispensable. Sinon, vous irez de surprises en surprises. Votre chat fera ses griffes sur tout ce qu'il trouve : pieds de table, tapis, rideaux, fauteuils, haut-parleurs... de quoi friser la catastrophe. On trouve des grattoirs tout faits dans le commerce, mais il n'est pas très difficile d'en fabriquer un soi-même. Il suffit d'avoir un morceau de bois recouvert d'un tissu, fixé par des petits clous. Une simple plaque de liège peut aussi faire l'affaire.

Son assiette et son bol

Son assiette et son bol. Il y en a pour tous les goûts. De la plus simple des gamelles rondes à la plus sophistiquée des « mangeoires distributeurs ». C'est un luxe, mais... c'est pratique. En votre absence, le chat peut se servir lui-même. Un couvercle protège la nourriture des poussières et on peut laisser la mangeoire dans le jardin, sans risquer que d'autres animaux viennent s'y rassasier. Pour l'ouvrir, le chat n'a qu'à appuyer ses pattes sur le couvercle. L'assiette doit être nettoyée tous les jours. Dans la maison, placez-la sur du papier journal.

Son premier repas. Vous vous êtes renseigné auprès de l'ancien propriétaire de votre chat pour savoir ce qu'il avait l'habitude de lui donner à manger. Cette petite précaution n'est pas négligeable. Un trop brusque changement de régime alimentaire pourrait perturber le nouveau venu et lui donner des diarrhées (voir p. 120). De plus, si le chat est un peu capricieux, il boudera son repas ; ce qui n'est pas souhaitable.

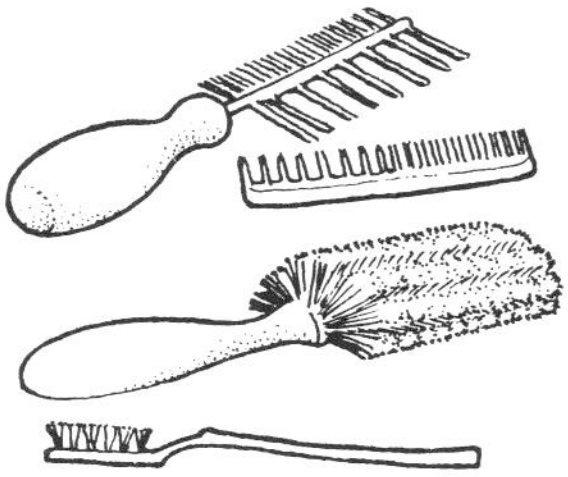

Ses peignes et ses brosses

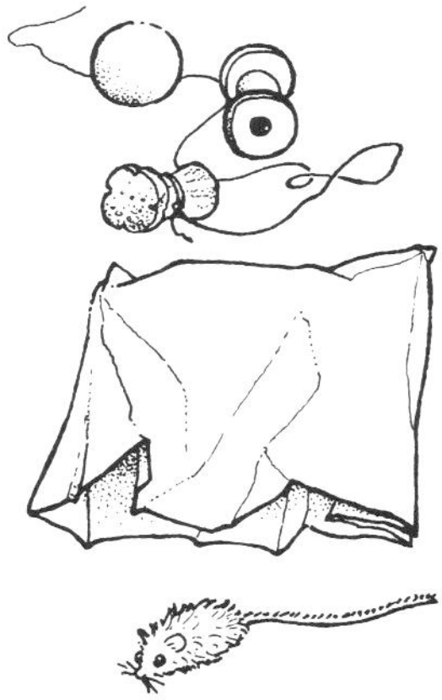

Ses jouets

Les accessoires de toilette. Si vous avez un chat à poil long, vous pourrez difficilement vous passer d'un peigne à dents larges et à dents fines, d'une brosse à poils raides et à poils métalliques pour la seconde phase de la séance de coiffure et enfin d'une brosse à dents pour la tête et les joues (voir p. 50). N'oubliez pas non plus de prévoir une petite pince à ongles pour freiner la pousse des griffes de votre félin !

Ses jouets. On peut très facilement trouver toutes sortes de jouets dans le commerce mais, à mon avis, il n'est pas nécessaire de s'engager dans de pareils achats.

Le chat s'amuse avec n'importe quoi. Tout ce qui bouge, tout ce qui passe, tout ce qui craque, une simple boule de papier, un bouchon suspendu par une ficelle à une poignée de porte, une balle de ping-pong... Tous ces petits jeux le rendent fou de joie. Il adore ça et ne s'en lasse jamais. Un sac en papier traîne ? Le voilà qui fonce à l'intérieur. Il ne cesse de se tourner et de retourner jusqu'à ce que, heureux comme tout, il s'y retrouve tapi et protégé comme dans une caverne. S'il n'a rien à se mettre sous la patte, avec l'imagination qu'il a, il aura vite fait d'improviser des jeux de fortune ! Par exemple, traquer son ombre ou jouer à poursuivre le bout de sa queue.

Et quand la nuit tombe, quelle cavalcade ! Le voilà qui se met à traverser les pièces au galop, à marcher en crabe, la queue dressée et à vous sauter sur les jambes. Est-il devenu fou ? Non ! Ce sont ses instincts de chasseur nocturne qui se réveillent.

Une chatière. Si un chat a la chance de pouvoir sortir se promener dans une cour, dans un jardin ou dans les champs, une chatière (petite trappe que l'on installe au bas d'une porte) s'impose. Certains chats en comprennent très vite le fonctionnement. Pour d'autres, une petite leçon est nécessaire avant que, d'eux-mêmes, ils n'aient le réflexe d'utiliser une chatière.

Il suffit de la garder ouverte quelque temps. Selon sa bonne habitude, le chat viendra explorer minutieusement cette drôle de sortie. Une fois qu'il est passé de l'autre côté, on l'attire à nouveau à l'intérieur avec un morceau de viande. La leçon peut se renouveler plusieurs fois. Enfin, on rabaisse la petite porte et, au besoin, on recommence l'exercice. Il n'y a pas d'inquiétude à avoir : gourmand et malin comme il est, le chat aura très vite compris. Pour fermer, ne pas oublier d'installer un loquet à l'intérieur. La chatière bloquée empêchera l'entrée à tous les chats du quartier si votre chatte est en chaleur (voir p. 66). Ou, si vous ne voulez pas que votre chat sorte à un moment précis, un « tour » de loquet suffira pour le garder à la maison.

Il entre, il sort : il essaie sa nouvelle chatière

Jouer c'est important !

Il est important de jouer avec un animal dès son plus jeune âge (à partir de sa quatrième semaine). Si votre chat ne joue jamais, il risque de rester sauvage. D'autant plus que, s'il vit en appartement, le jeu est pour lui un véritable exercice. Au début, prenez-le délicatement dans vos bras pour lui montrer que vous êtes un ami. Très vite, il vous reconnaîtra comme l'un des siens. Attention pendant les jeux : pas de brutalité, le chat n'aime pas ça et il s'en défend parfaitement ! D'un simple coup de griffes, il manifestera son mécontentement.
Songez aussi que ce chaton est un animal fragile et qu'il ne faut pas le laisser sans surveillance entre les mains d'un enfant de moins de cinq ou six ans. Ils risqueraient de se blesser mutuellement. De plus, n'oubliez pas qu'un chaton a besoin de beaucoup de sommeil et qu'il doit pouvoir dormir sans être dérangé tout le temps.

Attention aux sacs en plastique dans lesquels le chat pourrait s'étouffer, et aux bobines de fil : il suffit d'une aiguille au bout pour que ce soit la catastrophe ! Bannir aussi les petites balles de caoutchouc qui sont trop vite avalées.

A la découverte de sa nouvelle maison

A peine arrivé, le chat avance prudemment. Curieux et explorateur, il part pour une grande expédition. Tout est si nouveau et grand pour lui. Il grimpe partout, sent tout, fouine dans chaque coin et recoin. Bientôt il connaîtra la maison mieux que vous. Les endroits les plus douillets et les mieux protégés n'auront plus de secrets pour lui. Un jour, vous le retrouverez enfoui sous une pile de draps ou perché au sommet d'une armoire. Ça n'est pas le moment de passer l'aspirateur ou de pousser de grands cris : les bruits pourraient l'effrayer. Pendant les huit premiers jours de son arrivée à la maison, il ne faut pas le laisser sortir seul. Il a besoin de quelques jours d'adaptation et, pour qu'il puisse se repérer, il lui faut le temps de marquer son nouveau territoire (voir p. 41).

N'oublions pas non plus que pour ses premières sorties, un chat doit être vacciné contre toutes les maladies (voir p. 54). Ainsi protégé, il peut vaquer tranquillement à ses occupations.

Le nouveau venu

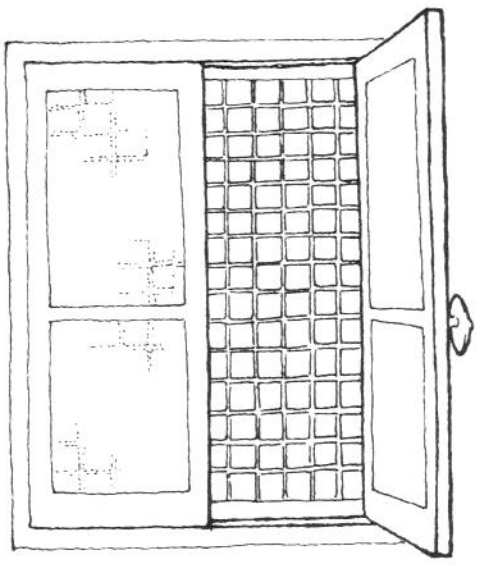

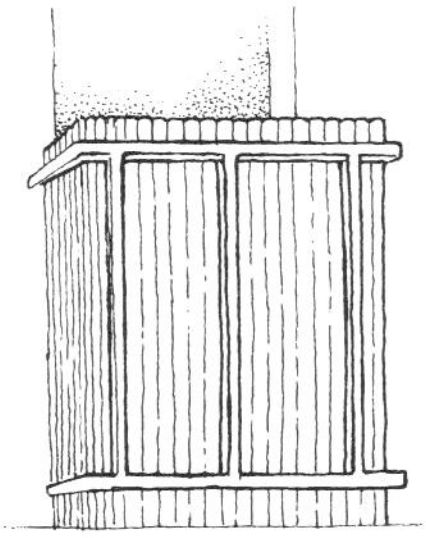

Le grillage
et les cannisses,
deux précautions
à ne pas négliger

Entre chat et chien :
gare aux coups de griffes !

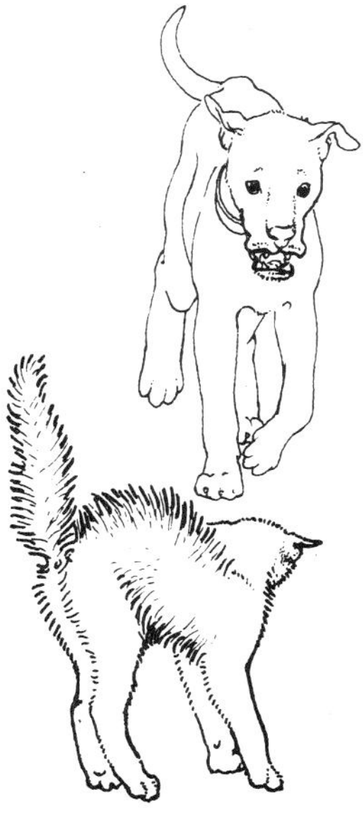

Quand un chat arrive dans une nouvelle maison, pour lui c'est toujours une expérience un peu traumatisante. Il faut donc s'appliquer à ce qu'il vive ce moment de la façon la plus agréable possible. Si c'est un jeune chaton séparé pour la première fois de sa mère et de ses frères et sœurs, il ne doit surtout pas se sentir abandonné. Pour le tranquilliser dans son sommeil, on peut installer une bouillotte et un petit réveil sous sa couverture. La bouillotte lui rappellera la chaleur de sa maman et le tic-tac du réveil, les battements de son cœur.

Quelques précautions à prendre avant l'arrivée du « fauve » :

– Protéger les plantes vertes : le chat aime gratter la terre qui est dans les pots et mâchouiller les feuilles des plantes, qui souvent sont toxiques (voir p. 45).

– Placer hors de sa portée les objets fragiles. Au cours de sa première exploration, le chat pourrait provoquer de petits « malheurs ».

– Si on habite à un étage élevé, il est prudent de fermer les fenêtres. L'idéal est encore de mettre des grillages ou des moustiquaires pour éviter que le chat ne fasse une mauvaise chute.

– Les chats adorent grimper sur les cuisinières au moment de la préparation des repas. C'est une très mauvaise habitude. Si l'on a une cuisinière électrique, en recouvrir les plaques dès que l'on a fini de s'en servir. Le chat pourrait sauter dessus et se brûler gravement.

– Attention au fer à repasser encore chaud. Le chat pourrait venir s'y frotter.

– Ne jamais fermer la porte d'un placard, du frigidaire ou de la machine à laver sans avoir vérifié si le chat ne s'y trouve pas. Il choisit toujours des endroits saugrenus pour faire la sieste.

Si on a déjà un autre animal

En voilà un qui ne sera pas enchanté de l'arrivée d'un nouveau venu. C'est normal. Il est chez lui dans son territoire et, du jour au lendemain, sans prévenir, on lui demande de le partager avec

Le chat et son territoire

Animal solitaire, le chat aime qu'on le laisse tranquille sur son territoire. Seul maître des lieux, il n'apprécie pas que d'autres empiètent sur son domaine.
Pour délimiter son territoire, le chat inscrit des traces de griffes sur le bois ou urine sur l'ensemble de l'espace qu'il a investi.
Ainsi les autres animaux sont prévenus : « propriété privée, défense d'entrer ».
Ses terres sont divisées en trois grandes zones :
– La première se situe au centre de son territoire. C'est là que le « maître » dort et aucun autre animal n'a le droit d'y venir.
– La seconde zone regroupe tous ses chemins de promenade. Pas question de venir le déranger pendant ses petites balades « méditatives ».
– Quant à la troisième, c'est son terrain de chasse !
Trois raisons supplémentaires de se montrer prudent si l'on introduit un autre animal à la maison. Le nouveau venu devra faire des « pieds et des mains » pour obtenir droit de séjour.
Si tout un groupe de chats évolue dans la même zone, ils s'entendent entre eux et établissent des « droits de passage ».

n'importe qui ! Il va falloir faire connaissance, et cela risque de ne pas être simple.

– Attention aux poissons rouges, à l'oiseau en cage, au lapin nain, au hamster, et au cochon d'Inde. Le chat est avant tout un redoutable chasseur : ne lui faites pas confiance une seule minute.

– Entre chat et chien : chat et chien, c'est bien connu, ne font pas toujours très bon ménage, même si par la suite ils deviennent les meilleurs amis du monde. Au moment des présentations, mieux vaut rester à côté d'eux et bien tenir son chien. Si c'est nécessaire, ne pas hésiter à lui mettre sa laisse pour qu'il ne s'approche pas trop et qu'il ne reçoive pas un mauvais coup de griffe dans l'œil. Ça arrive très souvent aux chiots imprudents !

– Entre chat et chat : il faut être prudent, surtout si ce sont deux mâles ! Dans un premier temps, isoler son premier chat dans une pièce et laisser au nouveau venu le temps d'explorer la maison. Cela fait, libérez votre premier chat. Ils se croisent : grognements, poils hérissés, jusque-là c'est une parade normale. S'ils se battent, il faut absolument intervenir mais n'y mettez surtout pas les mains. Pour les calmer, la seule solution est de leur lancer un bon seau d'eau, c'est radical. Le temps de s'en remettre, ils ne penseront même plus à se bagarrer.

Attention aux jaloux ! Même si l'on est absorbé par l'arrivée du nouveau chat, il ne faut pas lui sacrifier tout son temps. On doit garder des caresses pour ses autres compagnons. Sinon, ils risquent d'être tristes, de penser qu'on ne les aime plus et de devenir jaloux et méchants à l'égard du nouveau venu.

Les bonnes manières

Un chat n'est pas un chien. On ne peut pas le dresser en lui disant « fais ci » ou « fais ça » : il est beaucoup trop indépendant. De plus, la vie en appartement est bien loin de ses instincts naturels. Alors, pour que tout se passe bien, il va falloir lui enseigner certaines « règles de conduite ».

Apprenez-lui à utiliser sa litière

Comment lui apprendre à être propre ? Installez-lui son bac à litière (voir p. 34) dans un endroit calme, à l'abri des regards indiscrets. Le chat est très pudique et aime être tranquille pour faire ses besoins. Lorsqu'il a atteint l'âge de quatre semaines, un chaton peut apprendre à se servir de son bac à propreté. Après chaque repas, dès qu'il s'accroupit, attrapez-le gentiment et, en le soulevant, conduisez-le sur son bac. Très vite, il finira par s'y rendre tout seul. Pour un chat adulte, il suffit de le porter une ou deux fois sur le bac pour qu'il comprenne que c'est là qu'il doit faire ses besoins.

Comment l'habituer à son nom ? Dès son plus jeune âge, à l'heure du repas, appelez-le par son nom pour le prévenir qu'il est servi. Puis, mettez-vous

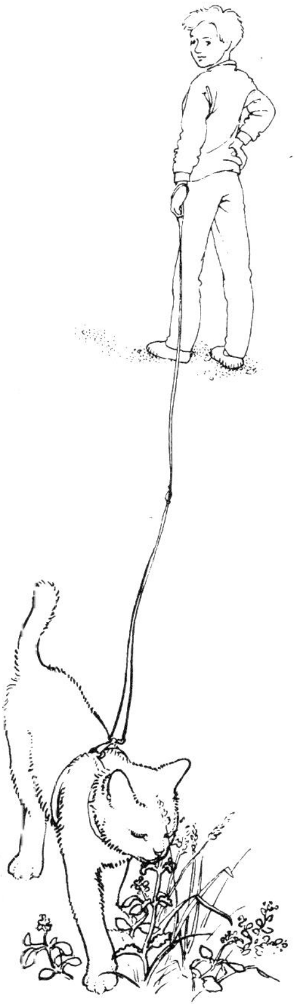

à l'appeler en dehors des heures de repas. S'il répond, donnez-lui une friandise en guise de récompense.

Comment l'empêcher de faire ses griffes sur les tissus ? Le dos creusé, le chat dilacère tranquillement les fauteuils, les rideaux, le papier peint... eh oui ! c'est encore un instinct naturel (voir p. 41). Pas question de l'en empêcher mais vous pouvez l'habituer à faire ses griffes sur un grattoir (voir p. 35). Pour lui apprendre à s'en servir, placez le chat face au grattoir et faites-lui toucher le tissu avec le bout de ses deux pattes avant. D'instinct, il se mettra à gratter. Si malgré cela, il continue à s'acharner sur les tissus « interdits », un « non » énergique et une petite correction s'imposent (voir encadré ci-dessous).

Un chat peut-il marcher en laisse ? Promener un chat en laisse, ce n'est pas aussi simple que cela en a l'air.

Seuls quelques chats, et en particulier certains siamois, abyssins ou burmeses se laissent faire, à condition cependant d'y avoir été habitués très jeunes.

Si vous voulez essayer avec votre chat, commencez par accrocher une laisse à son collier et laissez-le circuler librement dans la maison.

Les punitions et les récompenses

Pistolet à eau ou... vaporisateur

Si un chat a décidé de faire quelque chose, il est difficile de l'en empêcher. Le seul moyen de lui faire comprendre qu'il fait une bêtise, c'est de l'asperger d'eau au moment où il commet son méfait. Mais pas une pleine bassine. Vous vous feriez un ennemi terrible. Armez-vous d'un pistolet à eau. Quelques petites giclées feront l'affaire. Parfois un simple « non » crié énergiquement suffira à détourner votre animal de son objectif.

Pour récompenser un chat, on peut lui proposer quelques morceaux de fruits ou de fromage. Même si votre chat semble être friand de choses sucrées, évitez de lui en donner.

Peu à peu, prenez la laisse en main et promenez-vous avec lui. Dès qu'il aura compris la leçon, passez dans le jardin et enfin... dans la rue !

Pour éviter qu'il ne s'échappe à la moindre frayeur, prévoyez un harnais plutôt qu'un simple collier. Et maintenant, bonne chance et soyez prudent.

Comment lui interdire certains endroits ? Un bout de viande qui traîne, les restes d'un repas abandonnés sur la table, pas le temps de dire ouf... ils ont déjà disparu ! Il ne faut pas laisser s'installer les mauvaises habitudes. Pour les prévenir, la première chose à faire est d'interdire au chat de monter sur les tables ou de tremper son nez dans les casseroles. Chaque fois que vous le surprenez, dites un « non » énergique ou tapez sur le sol avec un journal : le bruit va l'effrayer.

Il est important de ne pas faiblir une seule fois. Si vous n'intervenez qu'un jour sur trois en fonction de votre humeur, il ne fera plus la différence entre ce qui est interdit et ce qui ne l'est pas.

Le chat grignote les plantes vertes du salon. Il apprécie l'odeur et le goût de certaines plantes et en mâchouille les feuilles avec gourmandise. Pour lui, c'est un moyen de se purger pour éliminer les boules de poils qui bloquent sa digestion (voir p. 119).

Enlever les griffes d'un chat !

Certaines personnes demandent à leur vétérinaire (qui ne devrait jamais accepter) de retirer les griffes de leur chat parce qu'il n'arrête pas d'abîmer les meubles du salon ! L'opération consiste à retirer les phalanges qui portent les griffes du chat. Je déconseille formellement cette intervention barbare. Elle prive le chat de ses moyens de défense naturels et le rend très malheureux. Mieux vaut dresser son chat à utiliser un grattoir (voir p. 35) et lui couper régulièrement le bout des griffes ! (Voir p. 52).

Attention :
toutes ces plantes
sont toxiques

Attention, certaines plantes toxiques risquent de l'empoisonner : le lierre, le pommier d'amour, le philodendron, le dieffenbachia, le poinsettia, l'azalée rhododendron, le laurier-rose, le laurier-cerise et le gui.

Pour éviter qu'il ne les mange donnez-lui de l'herbe à chat (voir p. 60). Si malgré ça, il s'acharne toujours sur vos plantes d'ornement, dites-lui un « non » énergique. Si ça ne suffit pas, il ne reste plus qu'à l'asperger d'eau, il comprendra très bien ce qu'on attend de lui.

Le chat fait pipi un peu partout dans la maison. Lorsqu'un chat très propre se met tout à coup à faire pipi sur les tapis, les lits, ou tout simplement à côté de son bac, la première chose à faire est de l'amener chez le vétérinaire pour qu'il l'examine. Certaines maladies, comme les cystites (voir p. 125), peuvent provoquer ces symptômes. S'il n'est pas malade, demandez-vous s'il ne prouve pas ainsi sa mauvaise humeur : le chat est un animal très susceptible. Il peut suffire que l'on ait bougé un meuble de place, que l'on ait déménagé ou que par mégarde on l'ait « vexé », pour qu'il se mette à uriner partout. Pour que cela cesse, remettez le meuble à son ancienne place ou occupez-vous de votre chat avec attention. Mais, de là à redéménager... voilà une contrariété dont il faudra bien qu'il se remette.

De toute façon, il est inutile de le taper. Le résultat serait décevant. Mais si vous le prenez sur le fait, vous pouvez l'asperger d'un peu d'eau ou mettre du vinaigre à l'endroit où il a uriné, il a horreur de cette odeur. Il y a peu de chance pour que ce comportement cesse du jour au lendemain. En attendant, armez-vous de patience et suivez ces conseils :

– veillez à ce que son bac soit toujours propre ;

– multipliez le nombre de bacs (deux ou trois) et placez-les à différents endroits de la maison ;

– remplacez le sable de la litière par de la sciure, ou du papier journal découpé en fines lamelles ;

– enfin, donnez-lui à manger à l'endroit où il commet son « méfait ». Comme il déteste manger dans un endroit sale, il se dégoûtera bien vite.

Si ces interventions restent sans succès, portez le chat plusieurs fois par jour sur sa litière et encouragez-le à s'en servir en grattant du doigt le fond du plat. Récompensez-le quand il l'utilise. Cet « exercice » commence dès le réveil puis se répète régulièrement toutes les heures jusqu'au moment du coucher. Petit à petit, vous finirez par savoir quand il urine et vous le porterez dans son bac seulement à ces moments-là. Le chat appréciera ce petit jeu et viendra naturellement quand vous l'appellerez. Cette méthode peut prendre du temps (deux mois) mais elle est nécessaire pour éliminer définitivement ce problème. Il faut en passer par là avec... beaucoup de patience.

Il existe une troisième solution : l'injection de médicaments à base d'hormones à faire faire par un vétérinaire. N'oublions pas que le chat mâle non castré marque son territoire en urinant un peu partout (voir p. 41). Si c'est le cas, vous devriez peut-être songer à le faire castrer (voir p. 84).

Que faire quand un chat ramène une souris ou un oiseau ?
Pendant des heures, le chat attend devant la cachette d'une souris ou tapi derrière un buisson. Il guette le moment où les oiseaux seront au sol. Dès que sa proie est à portée de patte, il bondit et s'empare de la bête malchanceuse. Puis, la tête haute et la queue dressée, le chat dépose son trophée à vos pieds. Ne le corrigez surtout pas. Pour lui, la chasse est un comportement naturel et ce n'est pas l'homme qui lui fera oublier cet instinct ! De plus, ramener sa proie à la maison est le plus beau cadeau qu'il puisse vous faire.

Pour éviter qu'il ne blesse trop d'animaux, vous pouvez toujours accrocher à son collier une petite clochette qui préviendra les oiseaux et, dans certains cas, les souris, de son arrivée.

Le chat gobe les mouches. Ça peut paraître dégoûtant de voir son chat gober les mouches. Mais rien ne l'agace plus que ces insectes qui virevoltent sans cesse devant son nez. Pour se distraire et satisfaire ses instincts de chasseur, il les traque, les assomme d'un coup de patte et... les gobe ! Il n'y a rien à faire contre cela, même si ça ne vous plaît pas : un chat est un chat !

Le chat voleur. Fin gourmet, le chat sait qu'il peut trouver de délicieux petits plats ailleurs que dans son assiette. Sur la table de la cuisine, par exemple. Quoi de plus normal que de s'emparer d'une sardine quand on en est friand ! Le corriger brutalement serait une erreur : il ne comprendrait pas. La meilleure solution c'est encore de ne rien laisser traîner ! Mais, si vous le prenez sur le fait, un « non » énergique ou une petite douche au pistolet à eau l'impressionneront certainement.

Le chat suce les pull-overs et les couvertures de laine. Voilà une chose qui arrive souvent. Le chat adore sucer de la laine, des morceaux de tissu, du papier d'aluminium, du plastique. En suçant ainsi il a probablement l'impression de téter sa mère et il se comporte comme un véritable chaton. Il n'existe pas de remède contre une telle manie, si ce n'est de ne rien laisser traîner et de faire attention à ce qu'il n'avale pas ces mauvais « aliments ». Ils peuvent former des boules dans son estomac ou dans son intestin (voir p. 119).

UN CHAT EN PLEINE FORME

La toilette

A la naissance, les chatons sont incapables de se nettoyer tout seuls. Heureusement, maman chat est là et, grâce à elle, ils vont apprendre à faire leur première toilette.

La toilette d'un chat est un véritable rituel. Pour se nettoyer il va effectuer toute une série de mouvements précis et acrobatiques. A grands coups de langue, il se lèche dans tous les coins et dans tous les sens : sous le ventre, sur les côtés, sur le dos et hop!... Le voilà avec une patte en l'air et la tête entre les jambes pour pouvoir atteindre sa queue.

Quant à la toilette de la tête, comment va-t-il s'y prendre? C'est très simple : il a pensé à tout. En humectant de salive le bout de ses pattes de devant il va pouvoir se débarbouiller méticuleusement de derrière ses oreilles jusqu'au... bout de son nez. Pour finir il se mordille entre les doigts et se décape les griffes. Voilà, le chat a fini sa toilette.

Mais il reste quand même certaines choses que votre habile compagnon ne peut pas faire tout seul. C'est alors à vous de prendre le relais et de continuer : un moment idéal pour procéder à une petite inspection et voir si tout va bien.

La toilette du chat à poils longs

La peau et les poils

– Si votre chat a les poils longs il faut le brosser et le peigner tous les jours, matin et soir. C'est un travail fastidieux mais indispensable!

Bobtail japonais

Sans cela, il risquerait vite de se transformer en un véritable paquet de nœuds qu'il faudrait tondre. Ce serait vraiment dommage !

Pour bien faire, commencez par démêler sa fourrure en utilisant dans le sens du poil, les dents larges du peigne. Puis, continuez avec les petites dents.

Si votre chat est blanc, saupoudrez-le d'un peu de talc. Passez ensuite un coup de brosse et. . repassez une dernière fois le peigne à rebrousse-poil.

Et pour la tête ? Il faut la brosser avec une brosse à dents, en faisant attention de ne pas lui blesser les yeux.

– Si votre chat a les poils courts, c'est plus simple. Un coup de brosse douce de temps en temps suffira largement. Vous pouvez aussi le peigner avec les dents fines du peigne.

Une astuce : pour que son poil brille, lustrez-le avec un chiffon en peau de chamois.

Un conseil : faites la toilette de votre chat sur un morceau de drap blanc. De cette façon, si jamais il a des puces, leurs œufs et leurs déchets se retrouveront sur le linge. Ce sont des petits « grains » marron, un peu comme de la poussière de charbon (voir p. 99).

<ins>*Le bain.*</ins> Il peut arriver qu'un chat ait besoin d'un bon bain. Le voilà qui sent mauvais et qui est couvert de saletés ! Où donc a-t-il bien pu traîner ? Dans les poubelles ou au fond d'une cave ? Dans ce cas, la brosse ne suffit pas. Il lui faut un bain. Mais, mettre un chat sous l'eau n'est pas toujours évident. Parfois, ça peut très mal se passer, surtout si vous n'agissez pas avec calme et doigté. Méfiez-vous alors des coups de griffes et de dents. Procédez donc avec prudence et n'insistez pas si vous voyez qu'il est hostile à cette expérience.

Le meilleur endroit pour un bain, c'est encore l'évier. Placez au fond de l'évier un tapis anti-dérapant pour empêcher que le chat ne glisse. Faites couler un peu d'eau chaude (39 °C) quelques centimètres suffisent. Mélangez à l'eau un peu de shampooing doux pour bébé. Tenez le chat fermement par la peau du cou (voir p. 92) et commencez à le mouiller doucement tout en

Le bain du chat

le rassurant. Quand il est bien trempé, massez son poil un petit moment puis, rincez-le minutieusement. Le bain est terminé ! Il ne reste plus qu'à sécher le chat avec une bonne serviette-éponge ou un sèche-cheveux. Mais attention, il peut avoir très peur du bruit. N'approchez pas le séchoir trop près de sa peau, vous risqueriez de le brûler. Encore un petit coup de brosse pour lui remettre le poil dans le bon sens. Et, surtout, ne le parfumez pas : les chats ne supportent pas les odeurs trop fortes.

Un chat n'a pas aussi peur de l'eau qu'on veut bien le dire. Mais pour ne pas avoir de difficulté, mieux vaut l'habituer au bain dès son plus jeune âge. Ne le lavez pas plus de deux fois par an, ça irriterait sa peau et lui donnerait de l'eczéma (voir p. 100).

Les oreilles

Nettoyez-lui les oreilles

Elles sont en général très propres. Si jamais elles ne l'étaient pas, nettoyez-les avec un coton tige imbibé d'eau oxygénée à 5 volumes. Et, pour éviter que la peau ne sèche, continuez avec un peu d'huile d'olive ou de tournesol.

Dans les oreilles, vous ne devez trouver ni croûte marron ni mauvaises odeurs : ce serait signe de maladies (voir p. 106).

Les yeux

Nettoyez-lui le coin des yeux

Nettoyez régulièrement le pourtour et le coin des yeux de votre chat avec une infusion de camomille, de l'eau bouillie tiédie ou, de Dacryoserum. Les yeux rouges ou qui pleurent sont souvent signe de maladie (voir p. 111).

Certaines races de chats, comme les persans, ont les yeux qui coulent de temps en temps sans que cela soit anormal. En s'écoulant, les larmes laissent des traces sur le poil. Pour les faire disparaître, il suffit de les essuyer avec un coton humide.

Les dents

Si vous voulez brosser les dents de votre chat, vous pouvez toujours essayer de le faire une fois

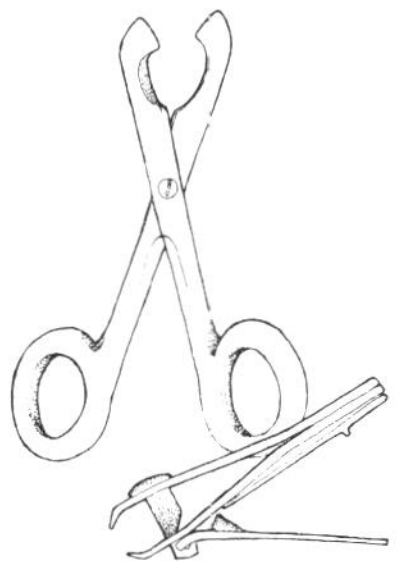

Les coupe-ongles

par semaine, mais... ce n'est pas du goût de tous. Pour ce faire, prenez une brosse à dents douce, trempée dans de l'eau salée ou un citron coupé en quatre. Si les dents de votre chat restent jaunes ou s'il a mauvaise haleine, il peut avoir besoin d'un détartrage (voir p. 113).

Les griffes

Les griffes d'un chat sont rétractiles. Quand il marche, elles rentrent dans un petit fourreau qui les protège et qui leur permet d'être toujours bien acérées. Le chat en liberté use naturellement ses griffes en grimpant aux arbres, aux murs, en grattant le sol, etc.

Mais, en appartement, le chat n'use pas ses griffes, qui deviennent vite aussi pointues que des aiguilles. Vous devez alors les lui couper. Pour cela, prenez votre chat sur vos genoux, ou, s'il ne se laisse pas faire, demandez à quelqu'un de le tenir fermement (voir p. 92).

Faites sortir la griffe en appuyant sur le coussinet. Puis, avec une pince à ongle, coupez-en l'extrémité. Assurez-vous bien que vous ne risquez pas de lui blesser la veine de la griffe. Elle est de couleur rosée et vous la verrez facilement, par transparence, en vous aidant, si besoin est, de l'éclairage d'une lampe.

Si les griffes sont sales, nettoyez-les avec un coton imbibé d'eau tiède.

La coupe des griffes

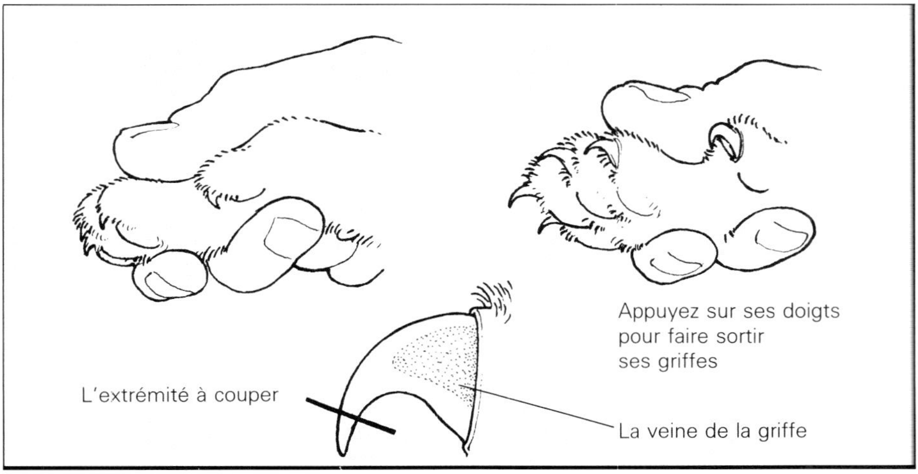

Les vaccins

Quand un chat se promène, il rencontre forcément d'autres chats, dont certains peuvent être malades et lui passer leurs microbes.

Heureusement, il existe un moyen pour protéger son compagnon contre les maladies : le faire vacciner.

Pour vacciner un chat, le vétérinaire doit lui faire une piqûre. Dans la seringue est enfermé le microbe, rendu inoffensif : il est devenu trop faible pour provoquer la maladie. Une fois la piqûre faite, le corps du chat va fabriquer des cellules qui lui permettront de se protéger et de se défendre contre le microbe. Ainsi, si le chat vacciné rencontre un de ses camarades malades, il ne risquera rien : son corps se défendra automatiquement.

Pour être vacciné, un chat doit être en bonne santé et ne pas avoir de vers dans les intestins (voir p. 57).

Si vous faites vacciner une chatte qui attend des petits, vous devez prévenir le vétérinaire, afin qu'il prévoie un vaccin spécial.

Le typhus du chat ou panleucopénie féline

Le typhus est une maladie très grave et souvent mortelle, surtout pour les jeunes chats. Ils peuvent en mourir en moins d'une heure Un chat atteint de typhus ne bouge plus, est très fatigué, a beaucoup de fièvre, ne veut plus rien manger et vomit plusieurs fois par jour. Il peut aussi avoir une forte diarrhée avec du sang. Cette maladie est provoquée par un petit microbe : un virus. Elle est très contagieuse, se passe facilement entre chats et peut être transmise par les puces.

Le coryza

Un chat qui a le coryza éternue sans arrêt. Il a le nez qui coule, les yeux rouges, larmoyants et parfois, pleins de pus. Il peut aussi avoir de la fièvre et refuser de manger. Cette terrible « grippe », due à un virus, est très contagieuse.

Même s'il est vacciné contre cette maladie, votre chat peut quand même l'attraper. Et cela, s'il vit en contact avec des chats eux-mêmes atteints du coryza. Le vaccin n'est pas efficace à 100 % mais... il est quand même conseillé de le faire.

La leucose ou leucémie du chat

La leucose est une terrible maladie. Son virus affaiblit le chat, peut le rendre sensible à toutes sortes de maladies difficilement guérissables ou lui donner un cancer. La leucose est très contagieuse. Quand un chat en est atteint, il peut contaminer les autres chats par sa salive : en mangeant dans la même assiette, en se léchant ou en se bagarrant. Pour identifier ce virus le vétérinaire est obligé de faire analyser le sang du chat.

Heureusement, depuis 1986, il existe en France un vaccin qui peut aider nos compagnons à se défendre contre cette maladie. Son seul défaut est de coûter assez cher.

La rage

Qui n'a pas entendu parler de cette terrible maladie qui se transmet par la salive des renards contaminés. Tous les mammifères et même l'homme peuvent l'attraper et se la transmettre. En France, chaque année, des chats, des chiens, des vaches, des moutons, des chevaux, etc., meurent encore de la rage après avoir été mordus par un renard enragé.

Il existe maintenant un vaccin très pratique qui se fait en une seule piqûre, avec un rappel tous les ans. Après l'avoir fait, le vétérinaire vous

CALENDRIER DE VACCINATIONS

Nom des maladies / Age du chat	7 sem.	9 sem.	10 sem.	12 sem.	5 mois	1 an après puis tous les ans
TYPHUS	x		x			x
CORYZA		x		x		x
LEUCOSE		x		x	x	x
RAGE				x		x

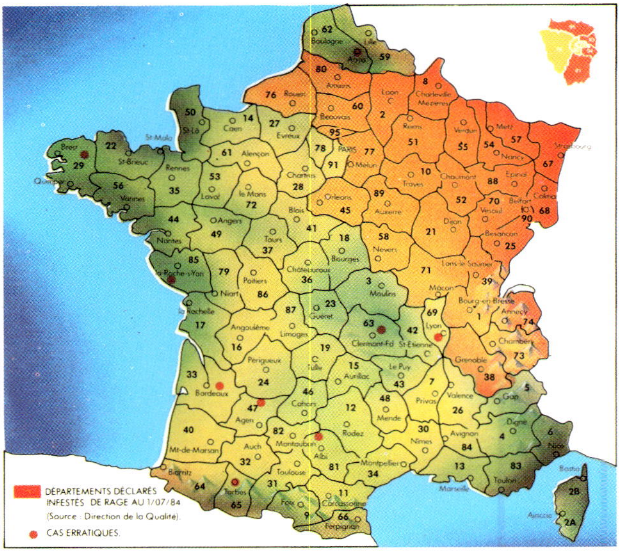

La rage en France

En orange :
les zones touchées par la rage

remet un certificat de vaccination antirabique. En bas de ce papier, la date du prochain rappel est inscrite : « Ce certificat est valable jusqu'au... » Dépassé cette date, le chat n'est plus protégé. Il faut être très vigilant et courir chez le vétérinaire pour lui faire faire un nouveau rappel.

La vaccination contre la rage est obligatoire dans les départements infectés (voir sur la carte) ; pour aller dans les campings et les caravanings ; pour partir en voyage en Corse ou à l'étranger.

De malins microbes

Même si un chat ne sort jamais de sa maison, il doit être vacciné contre toutes ces maladies.
Certaines d'entre elles peuvent lui être transmises par les mouches, les moustiques et... vous-même pouvez en ramener le virus sur les semelles de vos chaussures.
Le chat ne sera considéré comme définitivement vacciné qu'à la suite de la vaccination de rappel, pas avant ! Aussi, évitez de le sortir tant qu'il n'a pas reçu les deux premières injections du vaccin.

Dans les départements infectés, si jamais un chat se perd et qu'il est retrouvé, il ne sera rendu qu'à la seule condition d'être vacciné contre la rage, et tatoué (voir p. 29).

Les vers

Des vers, il y en a un peu partout : dans la terre, dans les fruits... Et parfois dans le ventre des chats ! Ce ne sont pas les mêmes, mais ils se ressemblent beaucoup. Ils vivent à plusieurs accrochés dans l'intestin et s'y multiplient.

Ce n'est pas très agréable de loger tous ces parasites : ils fatiguent le chat et le rendent malade. Son ventre gonfle, il vomit et a de la diarrhée.

Si un chat a des vers, on s'en aperçoit facilement car, un jour ou l'autre, on les retrouve dans ses crottes ! Les plus courants sont les ascaris (presque tous les chats en ont) et les ténias. La différence est facile à faire.

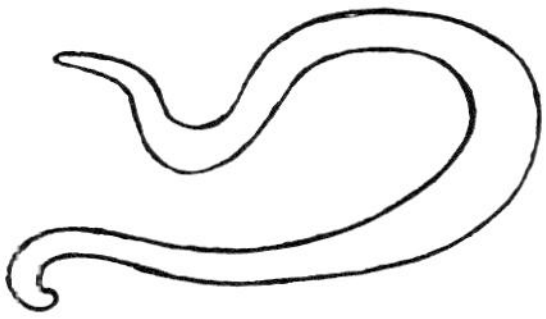

Un ascaris :
long et fin, de 7 à 9 cm,
de couleur blanchâtre,
rose ou brun

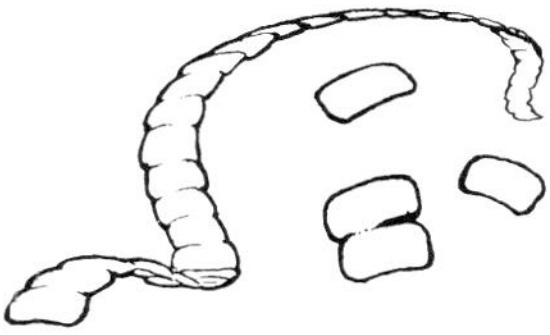

Un ténia et ses « anneaux » :
de la taille
et de la forme
d'un grain de riz,
de couleur blanchâtre

Comment les attrapent-ils ?

Les chatons peuvent attraper des ascaris quand ils sont encore dans le ventre de leur mère ou pendant la tétée : eh oui, les vers passent même par le lait !

Quant aux ténias, c'est plus compliqué : leurs larves vivent dans le ventre des puces. Quand un chat se gratte et se mordille pour se débarrasser de ses puces, il avale des larves de ténias. Ainsi, elles se retrouvent dans son estomac et le rendent malade. Pour chasser les puces, regarder p. 99.

Les différents vermifuges :
en sirop, en pâte
ou en comprimés

Pour soigner son chat

Donnez-lui un vermifuge : ce médicament tue les vers qui sont logés dans l'intestin. Vous pouvez l'acheter en pharmacie mais mieux vaut le demander à votre vétérinaire.

Un chaton peut être vermifugé dès l'âge de trois semaines, puis un mois après.

Une fois adulte, il faudra le vermifuger régulièrement une à deux fois par an.

Si vous prévoyez que votre chatte ait des petits, vermifugez-la au cours de ses chaleurs (voir p. 66).

L'alimentation

Il est difficile de trouver quelqu'un qui ait un appétit aussi capricieux que celui d'un chat. Vous lui préparez des petits plats avec amour, et voilà que vous êtes reçu comme le dernier des vauriens. Il n'en veut pas et prend un air si dégoûté qu'il faudrait être bien hardi pour lui tenir tête.

Certains jours, vous lui donnez un repas à base de viande et Monsieur ne pense qu'à manger du poulet ou du poisson. Pour éviter que ces caprices ne se répètent trop souvent, mieux vaut ne pas l'habituer à manger toujours la même chose. Si cinq jours sur sept il a de la viande, pourquoi devrait-il les deux autres jours se contenter de poisson ! Eh oui, Monsieur est difficile. Mais si vous jouez la surprise en variant régulièrement ses menus, il se laissera plus facilement faire.

D'ailleurs, pour être en forme, il a besoin de recevoir une alimentation variée. Il va falloir lui préparer de bonnes choses et... en bonne quantité ! Ainsi il respirera la santé, aura l'œil vif, le poil brillant, et sera de bonne humeur.

C'est l'heure du dîner !

Les bons aliments

– La viande : celle de bœuf peut être donnée crue, l'agneau ou le porc doivent être bouillis ou grillés avant d'être servis (surtout le porc).

– Le lapin ou les volailles (poulet, dinde...) : le chat les apprécie aussi quand ils sont cuits. Mais gare aux petits os : il faut toujours bien veiller à les retirer tous, ils pourraient lui blesser l'intestin.

– Le poisson... un rêve. Mais attention ! un chat qui ne se nourrit que de poisson risque d'avoir les os fragiles. Alors, ne pas lui en donner tous les jours : une fois par semaine suffit largement. Et surtout, ne pas le faire bouillir, il perdrait toutes ses vitamines. Le poisson doit être grillé ou cuit à la vapeur.

Pour le servir, le couper en petits morceaux et lui retirer toutes ses arêtes qui sont aussi pointues que des épingles.

Les jours de fête ou de bonne humeur, quelques sardines à l'huile le régaleront.

– Les abats (foie, cœur, rate, etc.). Ils doivent être systématiquement cuits et le chat ne doit pas en manger plus d'une fois par semaine. Certains ne les supportent pas très bien : ça dérange leur estomac et les fait vomir.

– Les œufs : un par semaine, pourquoi pas ? Le mieux est encore de le faire cuire. Ne jamais lui donner de blanc d'œuf cru, il contient une substance qui détruit une vitamine nécessaire au chat.

– Le lait : il est riche en calcium, mais il peut provoquer de la diarrhée chez certains chats (voir p. 120). Si c'est le cas pour le vôtre, évitez de lui en donner.

– Les fromages : très riches en calcium, ils peuvent être facilement mélangés à la pâtée, après avoir été râpées ou coupés en petits dés.

– Les légumes (haricots verts, salades, poireaux, endives, carottes...) : très importants, ils sont riches en vitamines et facilitent la digestion. Au début, le chat peut faire le difficile et refuser de manger les légumes. Pour l'empêcher de trier dans son assiette, soyons plus malins que lui.

Faisons cuire les légumes avant de les écraser pour bien les mélanger à la pâtée. Ainsi fondus dans la masse, notre fin gourmet n'y verra que du feu.

– Le riz et les petites pâtes : cuits évidemment, ils sont nourrissants et équilibrent parfaitement les repas de nos compagnons. Mais n'en abusez pas trop : ils font grossir.

– N'oublions pas l'eau. Même si le chat est un animal qui boit très peu parce qu'il transpire peu, il lui faut toujours une petite soucoupe pleine d'eau propre et fraîche à côté de son assiette.

L'herbe à chat

Des légumes sont mélangés à la pâtée du chat... très bien ! Mais il a aussi besoin de manger de l'herbe, surtout si c'est un chat des villes. Cela lui apporte des vitamines, et ça lui permet de vomir les poils qu'il avale quand il se lèche (voir p. 119).
Pour préparer soi-même de l'herbe à chat, faire germer des grains de blé, d'avoine, de persil, de gazon ou de sauge. Sinon, on peut acheter des petits pots d'herbe dans le commerce, chez les fleuristes ou dans les grandes surfaces.
Méfiez-vous des plantes toxiques (voir p. 45).

Et pour que son régime alimentaire soit parfait, ajoutez à sa pâtée quotidienne une cuillerée à café de levure de bière et une cuillerée à café d'huile d'olive, de tournesol ou d'arachide : ça lui donnera un beau poil. Du calcium vitaminé en poudre, acheté en pharmacie, est important, surtout pour les chattes qui attendent des petits et pour les jeunes chatons en pleine croissance.

Avec tous ces bons aliments, vous allez apprendre à préparer la pâtée maison...

Les aliments tout prêts

Pour nourrir son compagnon, il existe toutes sortes d'aliments déjà préparés : conserves, croquettes... C'est pratique si vous n'avez pas le temps de faire la cuisine : il vous suffit d'ouvrir une boîte ou un paquet, et hop ! dans l'assiette.

Mais ne prenez pas de mauvaises habitudes, continuez de préparer à votre chat, au moins deux fois par semaine, la pâtée maison. Elle est bien meilleure, tant pour sa santé, que pour l'éclat de son poil.

– Les boîtes de conserves : il y en a pour tous les goûts, à la viande, au poisson, au lapin, à la volaille... Très vite, le chat fera son choix et vous imposera celle qu'il préfère.

Les aliments tout prêts : conserves ou croquettes

Attention, une fois ouverte, une boîte de conserve s'abîme très vite. Elle doit être conservée au réfrigérateur et terminée dans les deux jours, sinon il faut la jeter.

Ne jamais donner aux chats une boîte pour chien, ce serait très mauvais pour leur santé.

– Les croquettes : ces petits « biscuits » secs coûtent moins cher que les boîtes, se conservent bien et les chats en raffolent. Il suffit de secouer la boîte pour les voir accourir. Si vous en donnez à votre chat, il faut alors absolument les mélanger avec un peu d'eau. Le chat est un animal qui boit très peu : si, en plus, il ne mange que des aliments secs, il risque d'être malade.

Attention, si vous avez un chat mâle castré (voir p. 82), évitez de lui donner des croquettes : il pourrait avoir de graves maladies urinaires (voir p. 125).

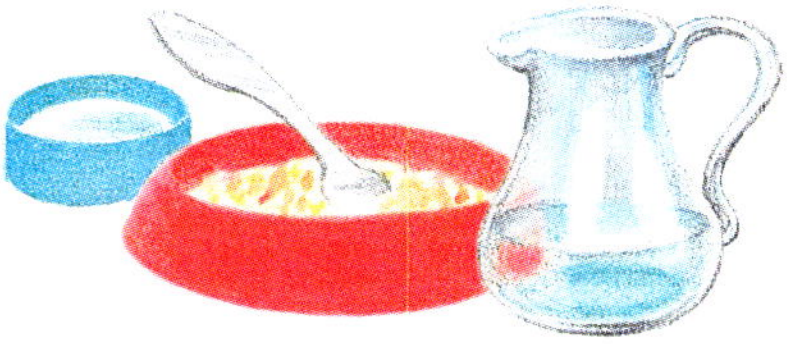

L'alimentation du chaton

De sa naissance jusqu'à l'âge de cinq semaines le chaton tète sa mère. Ce n'est qu'à l'âge de deux mois qu'il est sevré (voir p. 76).

Il faut alors l'habituer à manger une nourriture variée et bien équilibrée : c'est important pour sa croissance et sa santé.

Si vous le nourrissez avec des aliments en boîte, il vous suffira, pour commencer de lui donner de 90 à 100 g de pâtée par jour.

Vous augmenterez progressivement les quantités de nourriture pour qu'à l'âge de huit mois le chat mange environ 200 g de pâtée maison par jour, ou 180 g de conserves.

Chatons de deux à cinq mois

Petit déjeuner	Déjeuner	Goûter	Dîner

• Lait spécial chat acheté en pharmacie. *Une fois par semaine, y ajouter un jaune d'œuf.*	• Chair de poulet ou de lapin : 1 à 2 cuillerées à soupe. Veillez à bien retirer les os. *Deux fois par semaine, on remplacera la viande par du poisson (même quantité) et de temps en temps par du cœur ou du foie cuit.*	• Lait spécial chat mélangé à deux pincées de levure de bière.	• Viande de bœuf crue dégraissée : 1 à 2 cuillerées à soupe mélangées à des légumes verts cuits.

De cinq à huit mois

Petit déjeuner	Déjeuner	Dîner
		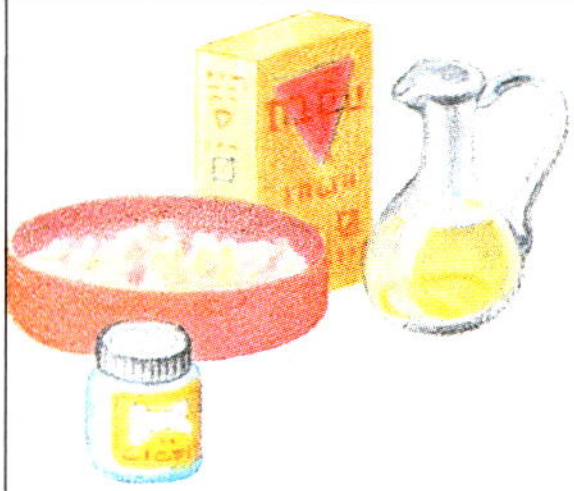
• Lait spécial chat acheté en pharmacie. *Une fois par semaine y ajouter un jaune d'œuf.*	• Poulet ou lapin : 50 g. *A remplacer une fois par semaine par du poisson (même quantité) et de temps en temps par du foie cuit ou du cœur.* • Légumes verts : 20 g. • Riz ou flocons de céréales : 20 g.	• La même chose qu'au déjeuner. *On ajoutera : levure de bière, huile, calcium vitaminé, 1 cuillerée à café de chaque.*

De huit mois à un an

Repas du matin	Repas du soir
• 100 à 125 g de pâtée maison ou • 90 à 100 g d'aliments en conserve	• 100 à 125 g de pâtée maison ou • 90 à 100 g d'aliments en conserve

Après un an, le chat est adulte. Il peut alors se contenter d'un ou de deux repas par jour.

L'alimentation du chat adulte	Viande rouge ou poulet ou lapin	Poisson ou foie cu ou cœur

Mâle non castré	• 80 à 90 g par jour	• 80 à 90 g, un par semaine, place de la vian
Mâle castré	• 70 à 80 g par jour	• 70 à 80 g, ur par semaine, place de la vian
Chatte	• 50 à 60 g par jour	• 50 à 60 g ur par semaine place de la viar
Chatte enceinte	• 80 à 90 g par jour.	• 80 à 90 g ur par semaine, place de la viar
Chatte avec des petits	• 150 g par jour.	• 150 g, une fo semaine, à la de la viande.
Vieux chat, à partir de 10 ans	• 60 g par jour.	à éviter.

Légumes verts, riz ou flocons de céréales	Levure de bière, huile, calcium vitaminé	S'il mange des aliments en boîte	S'il mange des croquettes

30 à 40 g de légu- es et 30 à 40 g de riz ou céréales par jour.	• 1 cuillerée à café de chaque par jour.	• 230 g par jour.	• 85 g par jour.
30 g de légumes 30 g de riz ou de éales par jour.	• 1 cuillerée à café de chaque par jour.	• 200 g par jour.	Déconseillé (voir p. 125).
20 à 30 g de légu- es et 20 à 30 g de riz ou céréales par jour.	• 1 cuillerée à café de chaque par jour.	• 130 à 140 g par jour.	• 50 à 60 g par jour.
30 g de légumes 30 g de riz ou de éa es par jour.	• 1 cuillerée à café de levure de bière, • 1 cuillerée d'huile, • 2 cuillerées de calcium par jour.	• 200 g par jour.	• 75 g par jour.
60 g de légumes 60 g de riz ou de éales par jour.	• 1 cuillerée à café de levure de bière, • 1 cuillerée d'huile, • 3 cuillerées de calcium par jour.	• 400 g par jour.	• 150 g par jour.
Incispensables à équilibre alimen- e. 30 g de légumes, 20 g de céréales jour.	• 1 cuillerée à café de chaque par jour.	• 180 g par jour.	

LA REPRODUCTION

Vous rêvez que votre chatte ait des chatons, mais attention, il ne faut pas vous décider trop vite. Prenez votre temps, réfléchissez et parlez-en en famille. Il faut que tout le monde soit d'accord.

Une portée de petits chatons, c'est une grande joie mais aussi beaucoup de travail. Vous allez avoir la responsabilité de toute une portée (il peut naître de 4 à 5 petits), ce qui n'est pas rien ! Il vous faudra les nourrir, les soigner et vous mettre en chasse pour leur chercher de futurs propriétaires. Et ce n'est pas toujours facile. Beaucoup de chats, une fois adultes, ne trouvent pas de maîtres, sont malheureux ou, trop souvent, abandonnés.

La période des amours : les chaleurs

Une chatte ne peut pas faire de bébés à n'importe quel moment. C'est seulement pendant la période des amours ou période des « chaleurs » qu'elle pourra s'accoupler avec un chat pour avoir des petits.

Comment savoir si une chatte est en chaleur ? Vous vous en apercevez vraiment très vite ! Du jour au lendemain, elle se met à miauler à tue-tête d'une drôle de façon. Ces roucoulements incessants lui servent à attirer les mâles. Et ils peuvent venir la rejoindre de très loin. Mais pour vous, cette « folle chanson » risque vite de devenir insupportable, surtout en appartement. Et ce n'est pas

Soyez prudent

Si votre chatte est en chaleur et que vous ne voulez pas qu'elle ait des petits, vous devez l'empêcher de sortir. Fermez bien portes et fenêtres et soyez vigilant car, à la moindre occasion, elle risquerait de vous filer entre les jambes !

tout ! Elle se roule par terre, se frotte contre vos jambes et piétine sur place la queue dressée. Parfois même, elle arrête de se nourrir pendant un jour ou deux.

Certaines chattes ont des chaleurs discrètes et silencieuses. Elles deviennent seulement plus caressantes pendant tout le temps que durent leurs amours !

Les premières chaleurs. Une chatte a ses premières chaleurs entre l'âge de six mois et demi et celui de huit ou neuf mois. A partir de ce moment, les chaleurs reviennent toute sa vie, deux fois par an : à l'automne et au printemps.

La vie en appartement peut « perturber » une chatte au point que ces périodes peuvent recommencer tous les huit jours, toutes les deux ou trois semaines, tous les mois ou tous les deux, trois, quatre ou cinq mois. Ce qui signifie aussi qu'elle peut avoir des petits trois ou quatre fois par an... c'est beaucoup !

Pourquoi une chatte ne peut-elle faire des petits qu'à certains moments ? C'est seulement pendant les chaleurs que les ovaires fabriquent des ovules. Et ces ovules sont les cellules qui permettent la formation des futurs bébés après l'accouplement (voir p. 70).

Et le papa ?

Votre chatte est en chaleur et toute la famille désire qu'elle ait des petits. Mais avez-vous songé au papa chat ?

Si votre chatte est de race et que vous souhaitez que ses petits lui ressemblent, il faut lui trouver un mâle de la même race qu'elle. Pour cela, renseignez-vous dans votre entourage, auprès d'un vétérinaire, de clubs félins ou, du Fichier national félin.

Si votre chatte est de gouttière, c'est plus simple. Soit qu'elle sorte souvent, et elle trouvera d'elle-même le chat qui lui plaît. Soit qu'elle ne sorte jamais de la maison, et c'est alors à vous de lui trouver le chat de ses amours. Vous pouvez également vous renseigner auprès de vos amis ou de votre vétérinaire pour trouver le futur papa chat.

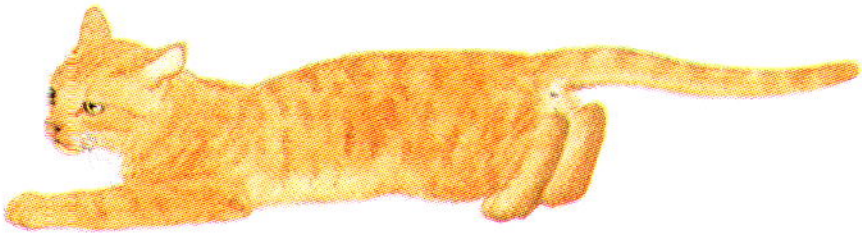

L'attitude de la chatte en chaleur

L'approche du chat

L'accouplement

La chatte repousse le chat

L'accouplement

Votre chatte est en chaleur, vous avez trouvé le papa chat : ils vont pouvoir s'accoupler.

Pendant les trois premiers jours de ses chaleurs, la chatte ne supporte pas son prétendant et le repousse. Mais au bout de ces trois jours tout change : elle accepte enfin de s'accoupler.

Les pattes arrière tendues, elle creuse son dos, dresse sa queue et attend la venue du mâle. Il s'approche d'elle, monte sur son dos et l'attrape par la peau du cou. Il introduit alors son pénis dans le vagin de la chatte pour y déposer son sperme.

Soyez patient

Pour que tout se passe bien, attendez le quatrième jour des chaleurs de la chatte pour lui présenter le chat. Une fois ensemble, il faut les laisser faire tranquillement connaissance. Soyez patient : un jour ou deux peuvent s'écouler avant qu'ils ne s'accouplent.

La chatte pousse un miaulement perçant et... ils se séparent. Tout cela n'a duré qu'une quinzaine de secondes !

Maintenant la chatte se roule par terre, s'étire dans tous les sens et lèche son poil avec frénésie.

Après l'accouplement il faut empêcher sa chatte de sortir pendant trois ou quatre jours car ses chaleurs ne sont pas terminées. Elle pourrait rencontrer d'autres mâles et s'accoupler de nouveau. Elle attendrait alors des bébés de papas différents, ce qui donnerait un drôle de mélange.

La chatte attend des petits

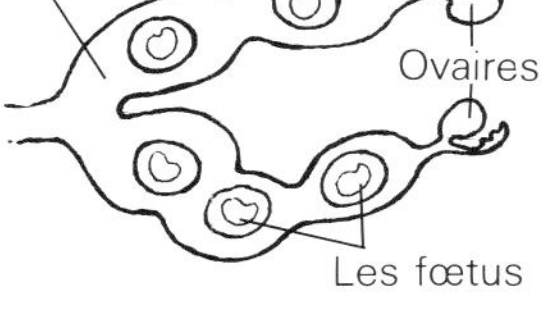

Les fœtus se développent : ils ont 20 jours

L'histoire des petits chatons commence, mais pour le moment on ne voit rien : tout se passe dans le ventre de la maman. Dans le ventre ou, plus précisément, dans l'utérus de la chatte où deux cellules nécessaires à la reproduction se sont rencontrées :

– Une cellule femelle : l'ovule qui est fabriqué seulement pendant la période des chaleurs et qui se forme dans les ovaires de la chatte, et une cellule mâle : le spermatozoïde, qui se forme dans les testicules du chat.

Lors de l'accouplement, le mâle a déposé des spermatozoïdes dans le vagin de la femelle. Quelques-uns de ces spermatozoïdes remontent jusque dans l'utérus de la chatte ; chacun d'eux y rencontre un ovule et, à eux deux, ils forment un œuf !

Cette réunion entre une cellule mâle et une cellule femelle s'appelle la « fécondation ».

Pendant environ deux mois les petits « œufs » (de 1 à 6) vont se développer dans l'utérus de la mère pour donner les futurs bébés.

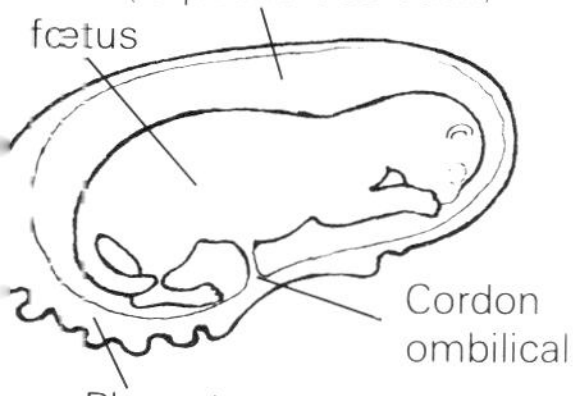

Un fœtus de 8 semaines

Cette période s'appelle la gestation (grossesse) et elle dure environ 9 semaines (de 63 à 70 jours).

Les trois premières semaines, vous ne vous apercevez de rien. Seul le vétérinaire, en palpant le ventre de votre chatte, peut vous dire si oui ou non elle est « enceinte ».

De la troisième à la quatrième semaine, les premiers signes apparaissent. Les mamelles de la chatte commencent à se transformer et prennent une couleur rosée.

A partir de la cinquième semaine, son ventre grossit petit à petit, jusqu'à devenir vraiment très très gros.

Ce n'est qu'au cours de la dernière semaine que ses mamelles se remplissent de lait.

Pendant les trois dernières semaines de la grossesse, la chatte a besoin de calme et d'affection. De plus, avec tous les petits qu'elle a dans le ventre, il faut lui donner à manger en plus grande quantité que d'habitude (voir p. 64).

Ne pas oublier, au cours de sa grossesse, de la vermifuger (voir p. 57), ce qui évitera aux nouveau-nés d'avoir des vers dans les intestins.

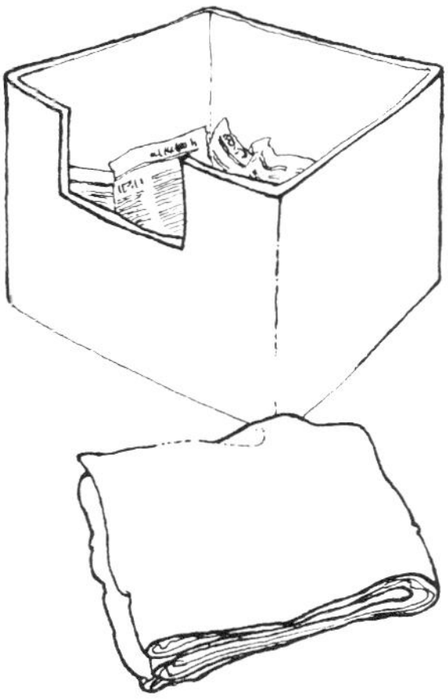

Préparez-lui un nid

Dix jours avant l'accouchement, préparez un nid douillet pour la future maman. Une boîte en bois ou en carton fera très bien l'affaire. Tapissez-en le fond avec du papier journal et des vieux draps en coton et installez le tout dans une pièce chaude et calme.

Si vous avez une chatte à poil long

– Toilettez-la très régulièrement pour éviter qu'elle n'avale trop de poils qui la constiperaient. En cas de constipation, mélangez à son alimentation une cuillerée à café d'huile de paraffine.
– Vous pouvez lui couper délicatement les poils autour de l'anus et de la vulve pour qu'ils ne gênent pas « l'accouchement ». Mais attention de ne pas la blesser.
– Coupez aussi ses poils autour des mamelles. Ainsi les petits auront moins de mal à téter. Là encore, faites attention de ne pas blesser la mère.

Un bon moyen pour connaître le jour de l'accouchement. Prenez la température de votre chatte chaque jour à partir de la huitième semaine. La veille de l'accouchement la température diminue d'environ un degré par rapport à la normale qui est de 38,5 °C.

La dernière semaine avant l'accouchement

Les chatons vont naître

L'accouchement (la mise bas)

Votre chatte est inquiète, elle se tourne un peu dans tous les sens sans trouver sa place. Elle miaule d'une drôle de façon. Elle ne sait pas vraiment ce qui est en train de lui arriver.

Placez-la dans un endroit qu'elle aime particulièrement et dans lequel elle se sent en sécurité. Dans son nid, par exemple. Tranquillisez-la en la caressant et en lui parlant gentiment. Restez à côté d'elle et attendez. L'accouchement va bientôt commencer !

Elle se couche. Son ventre se contracte fortement pour faire sortir le premier chaton. Mais il ne va pas arriver si vite. C'est un véritable travail qui peut durer entre un quart d'heure et quatre heures.

La chatte commence par perdre un liquide : c'est le « liquide amniotique », appelé aussi les « eaux », qui protégeait les chatons tout au long de la grossesse. Enfin, on aperçoit le premier chaton ! Qu'il est bizarre ! Il est enveloppé dans une poche transparente (la poche amniotique), et il a un cordon attaché à son ventre : le cordon ombilical. C'est par ce « tube » qu'il était nourri pendant tout le temps de la grossesse. La maman lèche énergiquement le nouveau-né pour le débarrasser de toutes ces enveloppes et coupe le cordon ombilical avec ses dents.

Un chaton vient de naître : il est encore dans son enveloppe

A peine la toilette finie, les yeux encore fermés, le chaton affamé cherche une mamelle pour prendre son premier repas. On peut dire qu'il ne perd pas de temps. Pour la maman rien n'est terminé. Les contractions reprennent, un second chaton va bientôt naître. Et... ainsi de suite jusqu'au dernier !

Après la naissance de chacun des chatons la chatte rejette une sorte de « peau » brunâtre que l'on appelle placenta. Ne vous étonnez pas si vous voyez qu'elle le mange. C'est un comportement tout à fait normal : un animal ne laisse jamais les traces de son « accouchement ».

L'accouchement est terminé. Il faut vite changer les draps et les journaux et laisser la mère se reposer tranquillement. Sans oublier de lui donner à boire et à manger, elle a besoin de reprendre des forces.

Durant toute la semaine qui suit l'accouchement, surveillez bien votre chatte. Elle est encore

fragile et peut facilement tomber malade. Si :
- elle semble fatiguée ;
- elle ne mange pas ;
- elle ne s'occupe pas de ses petits ;
- elle a des pertes à la vulve ;
- elle a de la fièvre ;

emmenez-la sans plus tarder chez un vétérinaire.

Les premières semaines de vie

La maman chat est une maman extraordinaire ! Câline, douce, attentionnée, attentive au moindre faux mouvement, elle surveille toute son adorable portée avec autorité et... tellement d'indulgence.

Dévouée et responsable elle n'a de cesse de prendre en charge tous les petits et grands événements de son « nid ». Elle nourrit chacun des chatons, les toilette, les éduque, les protège et parfois même intervient pour calmer quelque petite dispute.

Blottis les uns contre les autres, les yeux encore fermés, les oreilles repliées vers l'arrière, les chatons passent tout leur temps à dormir. Ils sont si bien au chaud. Quand ils se réveillent, attirés par l'odeur du lait, ils rampent jusqu'à ce qu'ils attrapent une mamelle : à chaque chaton sa tétine. Une fois repus, les petits goulus se rendorment. A cet âge, ils n'ont pas encore de dents, ils n'entendent pas et ils ne savent pas encore rentrer leurs griffes : ils dépendent complètement de leur maman.

A une semaine

Ils sont déjà un peu plus gros qu'à la naissance. Dès l'âge de neuf, dix jours, leurs yeux s'ouvrent et... ils sont bleus. Mais, leur couleur va changer petit à petit, jusqu'à l'âge de trois mois où elle sera définitive.

A deux semaines

Ils bougent un peu plus. Maintenant, ils se servent de leurs pattes pour ramper, mais cela ne leur permet pas d'aller bien loin ! Ils tâtonnent, se cognent les uns contre les autres et reviennent bien vite se blottir contre le ventre de leur maman.

A trois semaines

Ça y est, ils tiennent sur leurs quatre pattes et font leurs premiers pas. Un vrai numéro de cirque ! Leur maladresse est si jolie et malicieuse qu'on a du mal à se détacher du spectacle.

A trois semaines, commence le sevrage à la cuillère

Les premières dents de lait pointent, les chatons vont pouvoir commencer à s'en servir pour boire et manger autre chose que du lait. À vous de remplacer la maman ! Petit à petit, il va falloir leur apprendre à se nourrir comme des grands. C'est le début du sevrage (voir p. 76). Pour commencer, vous allez leur proposer du lait en poudre spécial chat, acheté en pharmacie. Mais passer de la mamelle à la gamelle, ce n'est pas facile ! Au début, ils risquent d'avoir besoin de votre aide. Servez-vous d'une petite cuillère pour leur faire avaler, tout doucement, cette préparation. Prenez votre temps, car pour eux c'est vraiment nouveau !

Les premiers repas

Par la suite, vous pourrez leur apprendre à laper directement dans leur petite assiette : trempez-leur délicatement le bout du nez dans le lait, ou alors enduisez le bout de votre doigt d'un peu de lait. Vous verrez à quelle vitesse ils apprennent à laper. Ça les amuse tellement qu'ils éclaboussent toute la maison et s'en mettent partout. Le repas terminé, une séance de débarbouillage s'impose !

A quatre semaines

Comme de véritables petits explorateurs, les chatons découvrent la vie. Ils regardent, sentent et tripotent avec leurs petites pattes tout ce qu'ils trouvent. Chaque chose qui bouge les attire, quelle agitation ! Ils sont partout, dans tous les coins ; mais, pas question de s'éloigner ou de faire des bêtises, maman chat veille et d'un bon coup de patte elle saura remettre dans le droit chemin toute cette bande d'insouciants. Ah ! cette maman ! C'est un professeur bien utile. Regar-

Les petits
et leur maman

Les chatons s'amusent

dez, ils essayent déjà de l'imiter quand elle fait sa toilette et, dès qu'elle remue le bout de sa queue, ils essayent de l'attraper. C'est la découverte du jeu. Un rien les distrait et il faut savoir en profiter pour commencer à jouer avec eux (voir p. 38).

Mais à force de rire, on s'épuise vite. Après de tels exercices, les voilà qui tombent les uns après les autres dans un sommeil réparateur.

Presque toutes leurs dents de lait sont sorties, les chatons lapent maintenant comme des grands. Il ne leur reste plus qu'à apprendre à mâcher. Un nouveau régime commence.

Mélangez du lait spécial chat à des céréales (Blédine par exemple) et des petits pots pour bébés à la viande, au poisson ou au poulet. Servez-leur ce délicieux repas quatre fois par jour dans une petite assiette.

Le moment est aussi venu de leur apprendre à être propres, car bientôt leur maman ne s'occupera plus du « ménage ». Après chaque repas, mettez-les dans le bac à litière, ils comprendront très vite que c'est là qu'ils doivent faire leurs besoins. Et vous devez être très vigilant, si vous en voyez un qui se met en position accroupie, queue dressée, pour faire sa « petite commission », soulevez-le et posez-le gentiment dans son bac. Vous verrez, pour eux, apprendre à être propre n'est pas un gros problème !

A cinq semaines

Maintenant, il va falloir varier les menus. Donnez-leur :

Le sevrage

Dès l'âge de trois semaines, les chatons, en plus de leur tétée, se nourrissent d'aliments nouveaux. Cette période de changement, difficile pour eux, s'appelle le sevrage. Elle se prolongera jusqu'à l'âge de sept ou huit semaines. A partir de leur huitième semaine, les chatons ne devront plus téter du tout. D'ailleurs, dès la cinquième semaine après l'accouchement, la maman fabrique de moins en moins de lait.

4 semaines :
il est temps
de devenir propre !

– Le matin : comme d'habitude, lait + céréales + petits pots pour bébés.

– A midi : la même chose.

– A 4 heures : mélangez du lait et des céréales à un peu de viande de bœuf ou de veau hachée et, une fois par semaine, à du poisson cuit à la vapeur.

– Le soir : lait + céréales + petits pots pour bébés.

A six semaines

Il est temps de les habituer à manger du riz et des légumes.

– Le matin : comme d'habitude, lait + céréales + petits pots.

– A midi :
– A 4 heures : } mélangez à la viande ou au poisson des haricots verts cuits et un peu de riz.

– Le soir : comme d'habitude.

Le biberon

Si la chatte n'a pas assez de lait pour nourrir toute sa portée, si parmi tous les chatons il y en a un qui mange moins que les autres ou si jamais vous trouvez un bébé chat perdu, vous allez devoir le nourrir au biberon...

Servez-vous d'un compte-gouttes ou d'une seringue (sans l'aiguille bien sûr) ou, mieux encore, d'un biberon spécial acheté en pharmacie ou chez le vétérinaire. Attention, ne donnez pas n'importe quel lait. Demandez au pharmacien un lait spécial pour chatons.

En quelle quantité ?

– De la naissance à 7 jours : 5 à 6 ml toutes les 2 heures y compris la nuit.

– De 7 à 14 jours : de 6 à 8 ml toutes les 2 heures et la nuit la même quantité mais « seulement » toutes les 4 heures.

– de 14 à 21 jours : 10 ml toutes les 2 heures et une fois au milieu de la nuit.

– A 3 semaines : fini le biberon, le sevrage commence. Habituez le chaton à un nouveau régime *(voir p. 75).*

Il n'y a pas d'heure pour le biberon

La maman chat et ses petits

Un soir, vous rentrez à la maison et... les nouveau-nés ont disparu ! C'est la panique. Il n'en reste plus un seul dans le nid.

Personne n'était là quand maman chat, le plus tranquillement du monde, a transporté ses chatons, les uns après les autres, dans un autre endroit ! Un par un, elle les a saisis par la peau du cou puis déplacés à sa guise. Cette réaction toute maternelle est un comportement que maman chat a gardé de son état sauvage. Elle déplace ses petits pour les protéger des prédateurs. Si vous retrouvez la portée, ne contrariez surtout pas les instincts de votre chatte en replaçant immédiatement ses petits dans leur nid. Certes, il est insolite de retrouver toute une portée de chats dans le sac de repassage. Mais, que faire ! Toucher quoi que ce soit risquerait de provoquer quelques accrocs. Alors, contre mauvaise fortune ayez bon cœur et déplacez tout le nid dans... le sac à repassage. Après tout...

La toilette. Maman chat lèche énergiquement et méticuleusement chacun de ses petits. Regardez-la faire. Elle nettoie aussi chacun des chatons sous la queue, et autour de l'anus. Cette étrange toilette va aider à déclencher, chez les nouveau-nés, le réflexe d'uriner et de faire leurs crottes.

La promenade. Maman chat bouscule ses petits pour leur faire faire une courte promenade. Elle a la queue toute dressée. Ce signe de ralliement évite aux chatons de se perdre. Certaines chattes ont le bout de la queue noir, ce qui leur permet d'être encore mieux repérée par tous ces agités.

La chasse. Si la chatte a la chance de pouvoir sortir de la maison, elle formera facilement ses petits à la chasse. Dès qu'ils auront trois semaines, maman chat leur ramènera une proie qu'elle aura capturée. Elle la mangera devant toute sa petite famille émerveillée ! Dès leur septième semaine, les chatons auront droit à une proie morte chassée par leur mère. Elle la déposera devant eux et les laissera se débrouiller. Ce n'est qu'un peu plus tard qu'elle leur livrera leur première proie vivante. Les chatons auront vite fait de comprendre la leçon.

Ure chatte de race british et son petit

Quelques questions

Ma chatte peut-elle avoir des petits dès ses premières chaleurs ?

Les premières chaleurs peuvent commencer dès l'âge de 6 mois et demi, mais à cet âge une chatte est encore trop jeune pour avoir des petits. Il est plus sage d'attendre qu'elle en soit au moins à ses deuxième ou troisième chaleurs.

Dès 8, 9 ans une chatte a moins facilement des petits et à partir de 12 ans, elle n'en a pratiquement plus.

A partir de quel âge un chat mâle peut-il s'accoupler ?

A partir d'un an et demi en général et jusqu'à 15 ans environ !

Mon chat mâle n'a qu'un testicule. Est-ce grave ?

L'apparition des testicules se fait dès l'âge de 5, 6 semaines mais ils ne sont bien visibles qu'à partir de l'âge de deux mois et demi. Il arrive assez souvent qu'un chat n'ait qu'un testicule. C'est que le second n'est pas descendu. Il est resté dans le ventre du chat ou sous sa peau. Ce n'est pas grave, mais il faut le faire enlever au plus vite par le vétérinaire. Car à l'intérieur du corps il peut se transformer en cancer.

Si un chat n'a qu'un testicule, mieux vaut éviter qu'il s'accouple : cette anomalie est transmissible.

Quand ma chatte a ses chaleurs, elle miaule tout le temps très fort. On dirait qu'elle souffre. Que faire ?

Ces miaulements bizarres sont tout à fait normaux. Ce n'est pas parce qu'elle souffre, c'est tout simplement pour attirer les mâles. Pour faire cesser les miaulements des chaleurs, il y a plusieurs solutions :

– Enfermer la chatte dans une pièce obscure, ce qui n'est pas toujours très efficace.

– La laisser s'accoupler : si elle rencontre un mâle, les chaleurs vont cesser ! Mais au bout de 2 mois, votre chatte mettra au monde une portée de chatons et, comme les chaleurs reviennent souvent, ce n'est pas vraiment une bonne solution.

Bannir les pilules
et les piqûres
qui suppriment
les chaleurs

– Demander au vétérinaire de lui faire une piqûre contraceptive ou bien, lui donner la pilule. Ces deux moyens évitent ou interrompent les chaleurs de la chatte. Je déconseille vivement l'utilisation régulière de ces produits. La pilule comme les injections peuvent provoquer de graves infections de l'utérus : métrite et pyomètre (voir p. 89).

– Si l'on ne veut plus que sa chatte ait des chaleurs ni de petits, la meilleure solution est de la faire stériliser. Cela demande une petite opération : l'ovariectomie.

L'ovariectomie. Le vétérinaire retire les ovaires de la chatte. Cette opération peut être pratiquée dès l'âge de six mois et demi.

On dit souvent que les chattes stérilisées sont malheureuses, qu'elles deviennent amorphes et qu'elles grossissent. C'est une erreur ! Si après son opération, une chatte suit un régime et qu'elle fait de l'exercice, son goût du jeu et sa silhouette n'en souffriront pas.

Si vous avez décidé de faire opérer votre chatte :

– Commencez par prendre rendez-vous avec le vétérinaire.

– Durant les douze heures qui précèdent l'opération, ne donnez rien à manger ni à boire à votre chatte. C'est important : son estomac doit être vide pour éviter les vomissements qui pourraient étouffer l'animal en cours d'opération.

– Le jour de l'opération, transportez votre chatte dans son panier avec sa laisse et son collier. Pensez à couvrir le fond du sac avec un drap de coton.

– En général, votre chatte vous sera rendue le soir même de l'opération. Il serait normal qu'un pansement recouvre sa plaie. Mais si elle n'en a pas, ne vous inquiétez pas, certains vétérinaires choisissent de laisser la plaie à l'air libre. Un pansement autour de son ventre peut perturber la chatte, l'empêcher de marcher ou la constiper (voir p. 121). Sans parler du sparadrap qui peut provoquer des allergies (voir p. 101).

– De retour à la maison, votre chatte sera fatiguée, un peu nerveuse et titubera comme une personne ivre. Elle risque aussi de pousser de terribles miaulements si vous la touchez. Tout cela est normal : c'est l'effet de l'anesthésie. Vous devez la laisser tranquille et l'installer dans une pièce sombre chaude et calme. Évitez de la poser sur un lit : mal surveillée, elle pourrait tomber et se blesser. Dès le lendemain tout ira beaucoup mieux.

– 24 heures après l'opération, vous pouvez lui donner à boire et lui proposer un repas léger. Si elle n'en veut pas, ça n'est pas très inquiétant. Elle n'aura peut-être pas faim pendant un jour ou deux.

– Les fils de suture qui referment la plaie tombent tout seuls au bout de trois ou quatre semaines. Mais si vous trouvez ça trop long, vous pouvez toujours demander au vétérinaire de les retirer dix jours après l'opération.

Pour les chattes qui vivent en liberté dans un jardin ou à la campagne, il existe une opération qui, sans leur supprimer les chaleurs, les empêche d'avoir des petits. C'est la *ligature des trompes*. En opérant la chatte, le vétérinaire lui laisse les ovaires et retire juste un morceau de l'utérus. L'avantage : la chatte peut continuer de vivre tout à fait normalement en s'accouplant avec des mâles. Cette opération n'est pas recommandée pour les chattes qui vivent en appartement : leurs miaulements persisteront pendant les « périodes de chaleurs ».

La castration.

Pour qu'il ne fasse pas des petits, pour qu'il ne laisse pas d'odeur en marquant son territoire (voir p. 41), un chat mâle peut aussi être opéré dès l'âge de 8 ou 9 mois. Cette opération, que l'on appelle castration, consiste à lui retirer les testicules.

Si vous avez décidé de faire opérer votre chat :

– Prenez rendez-vous avec un vétérinaire.

– Transportez votre chat dans un panier tapissé d'un linge en coton.

– Dans les 12 heures qui précèdent l'opération, ne lui donnez rien à manger ni à boire.

– Vous pouvez récupérer votre chat le jour même (c'est une opération très courte).

– Ne le nourrissez pas le jour de son opération.

– Une fois à la maison : remplacez le sable de

sa litière par du papier journal découpé en fines lamelles, et cela pendant trois jours. Cela permettra d'éviter que les gravillons collent à sa plaie.

– Donnez-lui à manger un repas léger le lendemain de l'opération.

– Il n'y a pas de fils à retirer après l'opération.

– Un bon conseil, évitez de nourrir un chat castré avec des croquettes. Cela peut provoquer de graves problèmes urinaires : les calculs (voir p. 125).

La vasectomie.

Si vous avez un couple de chats, vous pouvez demander au vétérinaire de faire une vasectomie au mâle. Cette opération consiste à lui sectionner les canaux transportant les spermatozoïdes des testicules jusqu'à l'extérieur.

À la suite de cette intervention, les chats pourront s'accoupler sans avoir de petits. Mais, comme pour la chatte qui continue de miauler pendant sa période de chaleurs après une ligature des trompes (voir p. 84), cette intervention n'empêchera pas que le mâle continue de marquer son territoire avec ses urines (voir p. 41).

Ma chatte s'est sauvée pendant ses chaleurs, elle risque d'avoir rencontré un mâle ! Comment faire pour qu'elle n'ait pas de petits ?

Il n'y a, hélas, rien à faire. Il n'existe pas de méthode pour faire avorter une chatte. Si elle s'est accouplée, il y a de fortes chances pour qu'elle ait des petits.

Ma chatte s'est accouplée il y a quinze jours, mais elle est de nouveau en chaleur. Est-ce normal ?

L'accouplement n'a pas dû réussir et c'est pour cela que votre chatte est toujours en chaleur. Dans ce cas, pour faire des petits, il faut qu'elle s'accouple de nouveau.

Ma chatte s'est accouplée avec un chat, et pourtant elle n'attend pas de petits. Pourquoi ?

L'accouplement ne marche pas à tous les coups. Pour augmenter les chances de réussite, il faut laisser le couple de chats ensemble pendant deux jours au moins et cela à partir du quatrième jour des chaleurs.

Au moment de « l'accouchement », le ventre de ma chatte a commencé à se contracter, un liquide est sorti et maintenant plus rien ne se passe. Que faire ?

Si plus de deux heures ont passé depuis les premières contractions ou si plus de cinq ou six heures se sont écoulées depuis « la perte des eaux » (voir p. 72), une visite urgente chez le vétérinaire s'impose. Ou bien les petits sont trop gros et la chatte ne parvient pas à les faire sortir, ou alors, ce qui serait plus grave, les chatons sont morts dans son ventre ! Le vétérinaire sera peut-être obligé de faire une césarienne. Cette opération consiste à retirer les fœtus du ventre de la chatte. Cinq ou six mois après sa césarienne une chatte peut de nouveau avoir des petits.

Aidez la maman épuisée

Ma chatte est en train d'accoucher, mais il y a un chaton qui n'arrive pas à sortir complètement. Que faire ?

Il faut aider la maman qui est probablement fatiguée. À chaque fois qu'elle contracte son ventre pour expulser le petit, tirez très délicatement le chaton. Pour le tenir de façon à ce qu'il ne glisse pas, et pour ne pas le blesser, servez-vous d'une serviette-éponge et, saisissez-le par les épaules ou par le bassin. Surtout, ne forcez pas ! S'il y a le moindre problème, mieux vaut téléphoner au vétérinaire sans trop attendre.

Ma chatte vient d'accoucher mais elle ne s'occupe pas de ses petits : elle ne les nettoie pas et ne coupe pas le cordon ombilical. Que faire ?

Cela peut arriver, et en particulier chez les jeunes chattes qui ont des petits pour la première fois et qui manquent d'expérience. C'est alors à vous de vous en occuper. Débarrassez-les délicatement de leur enveloppe et séchez-les dans une serviette-éponge. Essuyez-leur ensuite très doucement les narines afin qu'ils puissent respirer. Il ne vous reste plus qu'à couper le cordon ombilical : faites avec un fil de coton, à deux centimètres du ventre du chaton, un double nœud bien

Essuyez les narines du nouveau-né

Coupez le cordon ombilical

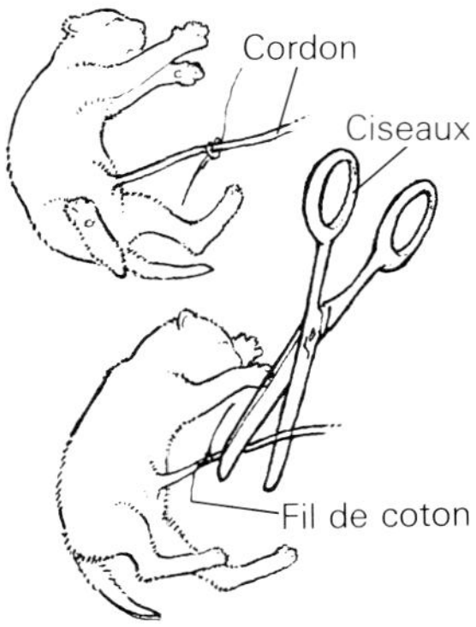

Il est tout maigre et tremble : réchauffez-le

serré. Maintenant, avec une paire de ciseaux nettoyée à l'alcool, coupez le cordon à un centimètre du nœud. Tamponnez ensuite le bout du cordon avec une compresse imbibée de teinture d'iode. Et enfin reposez le chaton près de sa mère. Frottez son museau sur une tétine pour qu'il commence à téter !

Un des chatons nouveau-nés est tout maigre et tremble beaucoup. Qu'a-t-il ?

Il est sans doute plus faible que les autres et risque d'attraper froid. Il faut le réchauffer en le frictionnant délicatement avec une serviette-éponge. Si cela ne suffit pas, trempez son corps dans une petite bassine d'eau tiède (38 °C) et massez-le délicatement sous l'eau. Séchez-le et remettez-le sans tarder auprès de sa maman.

Ma chatte vient d'accoucher : elle a une crise de tremblements. Que faire ?

Ces crises de tremblements peuvent survenir avant, pendant ou juste après l'accouchement. C'est le signe d'un manque de calcium dans le sang : cette maladie s'appelle l'éclampsie. Il faut appeler d'urgence le vétérinaire qui lui fera une injection de calcium pour que tout rentre dans l'ordre.

Ma chatte n'a pas assez de lait pour nourrir ses petits. Que faire ?

On s'en aperçoit facilement : les chatons ne cessent de gémir de faim ! Emmenez sans tarder votre chatte chez le vétérinaire qui prescrira un traitement. En attendant, c'est à vous de remplacer la maman en donnant le biberon aux petits (voir p. 79).

Mon chaton de deux mois et demi continue à téter sa mère. Est-ce normal ?

Il arrive souvent qu'après leur sevrage (voir p. 76) des chats de plus de deux mois continuent de téter leur mère. Ça n'est pas une bonne chose. Pour les en dissuader, enduisez matin et soir les mamelles de la chatte d'un produit au goût amer, Prantal crème, par exemple, acheté en pharmacie. Si cela ne suffit pas, il faudra aller jusqu'à faire un bandage autour des mamelles de la mère afin de priver le chaton de toute tentation. Mais cette dernière solution risque fort de déplaire à la maman.

Ma chatte perd un liquide par la vulve. Est-ce grave ?

Vous pouvez parfois retrouver des taches d'un liquide blanc ou rouge à l'endroit où votre chatte a dormi. Si vous regardez les poils autour de sa vulve, ils sont collés.

Une chatte qui perd un liquide par la vulve, c'est toujours assez inquiétant : ça peut être le signe d'une grave infection de l'utérus. Elle est souvent provoquée par les pilules ou les piqûres que l'on administre aux chattes pour interrompre les chaleurs.

Cette maladie fatigue beaucoup les chattes. Elle leur donne soif et peut les faire vomir. Si vous ne soignez pas rapidement votre chatte, elle pourrait en mourir. Pour la guérir, le vétérinaire peut aller jusqu'à l'opérer et lui retirer l'utérus infecté. A mon avis, c'est la meilleure solution.

Quand faut-il amener sa chatte chez le vétérinaire ?

En général la « grossesse » d'une chatte se déroule sans problème. Mais il arrive que les choses ne se passent pas normalement et demandent l'intervention du vétérinaire.

Pendant sa grossesse ou, après l'accouchement :

– Si la chatte perd à la vulve un liquide blanc, rouge, brun ou vert foncé.

– Si elle est fatiguée et qu'elle a de la fièvre ou qu'elle refuse de manger.

Pendant l'accouchement :

– Si elle a perdu les « eaux » (voir p. 72) depuis plus de six heures et qu'il n'y a toujours pas de petits.

– Si les contractions ont commencé depuis plus de deux heures et qu'aucun chaton n'est encore né.

LES MALADIES

Il mange bien, il joue, son poil brille, son œil est vif : votre chat est en bonne santé, cela se voit au premier coup d'œil !

Mais parfois, ça ne va pas ! Comment le savoir ? Est-ce grave ou pas ? Que faut-il faire ? C'est ce que l'on va apprendre dans ce chapitre. Le chat, n'est pas un animal facile à soigner. Il faut bien le connaître et surtout le regarder vivre. Si quelque chose ne va pas, il ne viendra pas dire : « J'ai mal au ventre ! » ou « J'ai mal à la tête ! » Mais en l'observant bien, on peut s'apercevoir du moindre signe de maladie.

Dans certains cas, vous pourrez vous débrouiller tout seul en suivant les conseils de soins qui vont suivre. Mais, dans d'autres cas, il vous faudra consulter un vétérinaire et... sans attendre !

Comment soigner votre chat

Si votre chat n'a pas l'air dans son assiette, qu'il est fatigué, qu'il reste couché dans son coin, qu'il ne mange plus, qu'il vomit... La première chose à faire est de prendre sa température. Ce n'est pas plus compliqué que pour soi, sauf que votre chat peut ne pas apprécier ça du tout !

Il faut vous servir d'un thermomètre normal. Secouez-le pour le faire redescendre à 36 °C et enduisez-en le bout avec un peu de vaseline. Le chat doit être tenu par quelqu'un. D'une main vous lui soulevez la queue, et de l'autre vous

enfoncez le thermomètre assez profondément (jusqu'au chiffre 37). Retirez-le au bout d'une minute environ et... regardez ! La température normale est de 38,5 °C. Vous ne devez vous inquiéter qu'à partir de 39 °C.

Comment le tenir pour l'examiner ou le soigner

On doit souvent être deux. Il faut agir avec fermeté et dans le plus grand calme. Prudence, car le chat n'aime pas ça et n'hésite pas à se défendre toutes griffes dehors.

Il existe plusieurs façons de tenir un chat :

– Attrapez-le d'une main par la peau du cou le plus près possible des oreilles et appliquez votre autre main sur son dos, au-dessus de sa queue. Plaquez-le sur une table et, faites en sorte que le bout de ses pattes dépasse de la table. Ainsi, il ne pourra pas se servir de ses griffes, sauf pour s'agripper à la table !

– D'une main (la gauche si vous êtes droitier), attrapez votre chat par la peau du cou. Glissez l'index de votre autre main entre ses deux cuisses et tenez-les fermement. Étirez le chat le long de votre avant-bras. Tenu de cette manière, il aura beaucoup de difficulté pour mordre ou... griffer. Pour une piqûre, par exemple, c'est la prise idéale.

– Pour regarder à l'intérieur de la bouche d'un chat ou lui nettoyer les oreilles, il faut, de chaque main, saisir fermement ses deux pattes avant, juste au-dessus des coudes : on appelle ça la position du sphinx.

– Si vous êtes seul, vous pouvez toujours envelopper votre chat récalcitrant dans une serviette. Telle une momie, il n'aura plus que sa tête qui dépasse pour rouspéter.

Les différentes façons de tenir un chat

La trousse à pharmacie

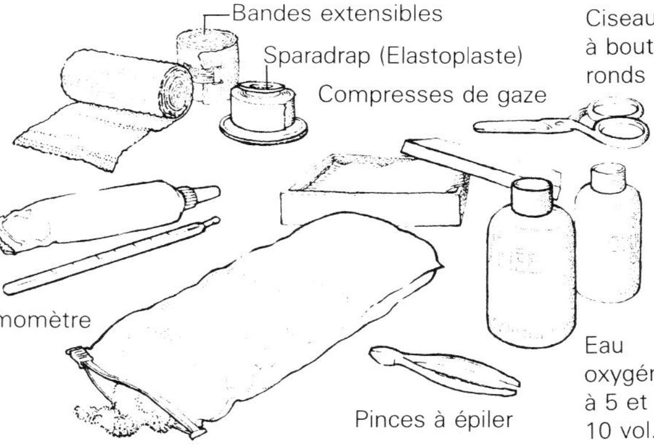

En cas de douleur ou de fièvre ne jamais donner d'aspirine à un chat : il y est allergique.

Ces méthodes de contention sont très utiles et il faut bien les connaître, surtout si votre chat n'est pas commode à soigner.

Comment lui faire avaler des médicaments

S'il s'agit d'un comprimé, enrobez-le dans un morceau de viande, de sardine ou de fromage. S'il est trop gros, vous pouvez le casser en quatre ou l'écraser avant de la glisser dans des boulettes de viande. Pour être sûr que votre chat les avalera, ne mettez que quelques morceaux de viande truffés de médicaments dans son assiette. Mais, attention, avec son goût très développé, il risque de déjouer votre astuce et de refuser de s'alimenter. Ne vous découragez pas, il existe d'autres solutions.

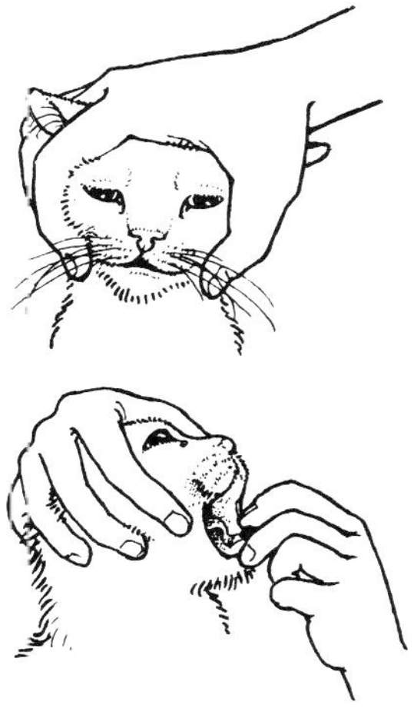
La prise du comprimé

– Enrobez le comprimé entier, ou coupé en quatre, dans un peu de beurre. Tenez votre chat dans la position du sphinx (voir p. 92), puis ouvrez lui la bouche en appuyant sur ses gencives avec votre pouce et votre index. Profitez-en pour glisser le comprimé le plus loin possible au fond de sa gueule.

– Pour un sirop ou tout autre liquide (pansement pour l'estomac...) le plus pratique est encore de vous servir d'une petite seringue... sans aiguille bien sûr ! Tenez votre chat par la peau du cou et glissez l'embout de la seringue dans sa bouche, sur le côté, « injectez » le liquide petit à petit et... voilà ! En un tour de main, il aura tout avalé.

Les gouttes dans les yeux

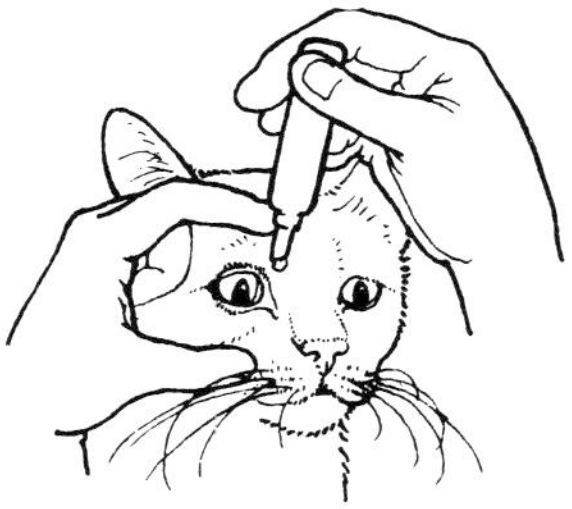

Comment lui mettre des gouttes ou de la pommade dans les yeux

Tenez votre chat dans la position du sphinx, par la peau du cou ou enveloppé dans une serviette.

Pour bien lui ouvrir l'œil : soulevez sa paupière supérieure avec votre pouce et tirez vers le bas sa paupière inférieure avec votre index de la même main. Servez-vous de votre autre main pour lui mettre les gouttes ou lui appliquer la pommade.

Le carcan

Il est très difficile d'empêcher un chat de se lécher. Les pansements tiennent mal. La solution ? Lui fabriquer un « carcan ».

Il vous faut : un morceau de carton assez épais mais souple, de 22 cm de côté, un compas, du ruban adhésif, un lacet, une paire de ciseaux.

– Tracez au centre du carton un cercle de 8 cm de diamètre et un autre autour de 22 cm. Découpez le grand cercle et, évidez le petit. (I)

– Avec les ciseaux, ouvrez l'anneau que vous venez de fabriquer.

– Entourez le bord intérieur de ruban adhésif pour protéger le cou du chat.

– Faites de petits trous de chaque côté de la fente et passez-y le lacet. (II)

– Il suffit maintenant de fermer cette collerette autour du cou du chat en nouant le lacet. (III)

Il lui faudra sans doute quelques jours pour s'habituer à ce nouvel accoutrement !

Fabriquez un carcan

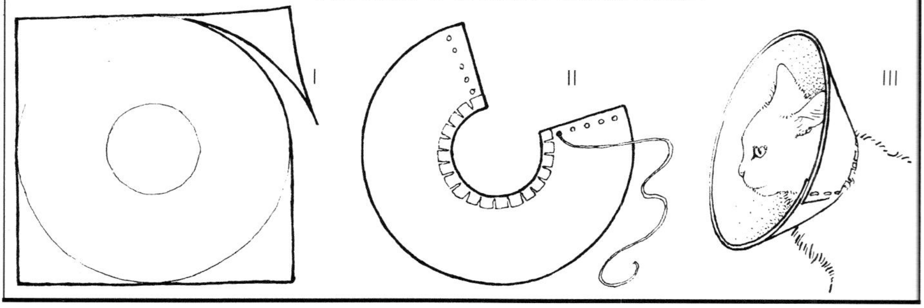

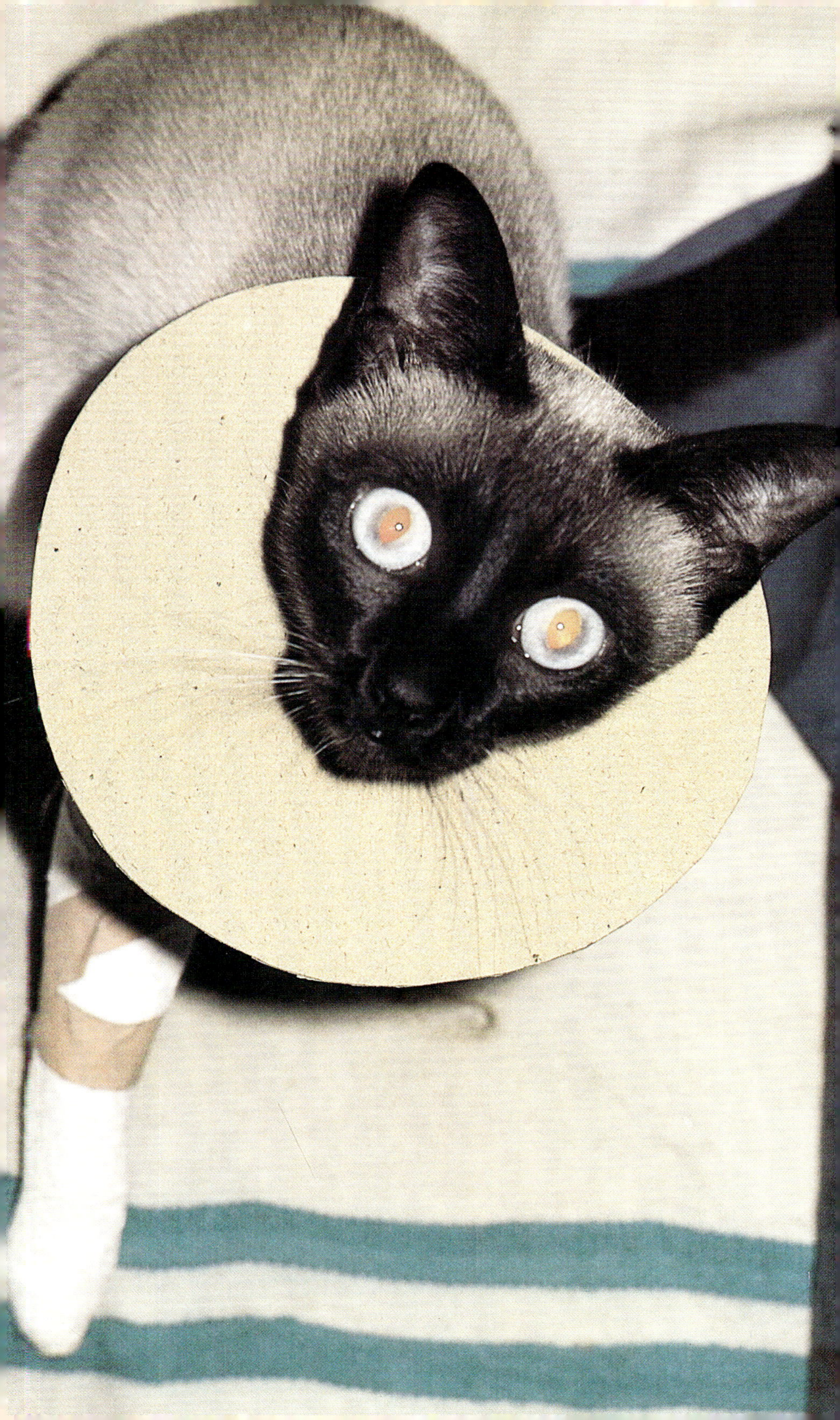

Cela fait, tenez-lui l'œil ouvert quelques instants encore, de façon que le produit se répande bien.

Comment lui faire une piqûre sous la peau

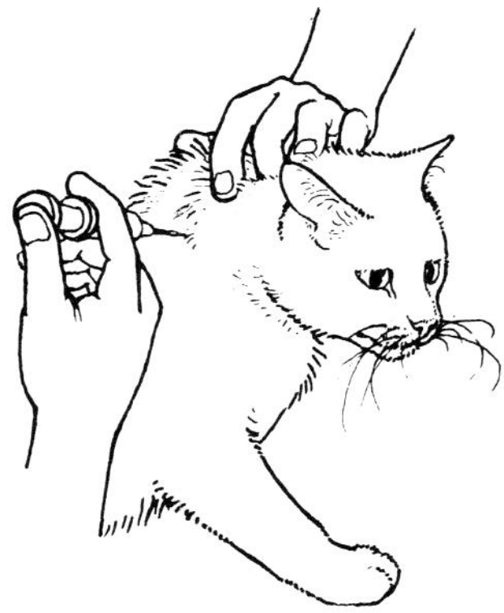

La piqûre sous la peau

Vous pouvez être amené, un jour ou l'autre, à faire une piqûre à votre chat. Pas de panique, ce n'est pas très difficile. Seulement, vous devez demander à quelqu'un de bien le tenir (voir p. 92). Avec deux doigts vous soulèverez la peau qui se situe entre les épaules de votre chat. Il se formera alors un petit triangle. C'est au centre de ce triangle que vous allez enfoncer l'aiguille, horizontalement, et d'un coup sec. Attention, la peau du chat est très dure à percer et parfois l'aiguille se plie !

Une fois l'aiguille enfoncée, vous relâcherez le pli de peau et vous injecterez le produit. Courage !

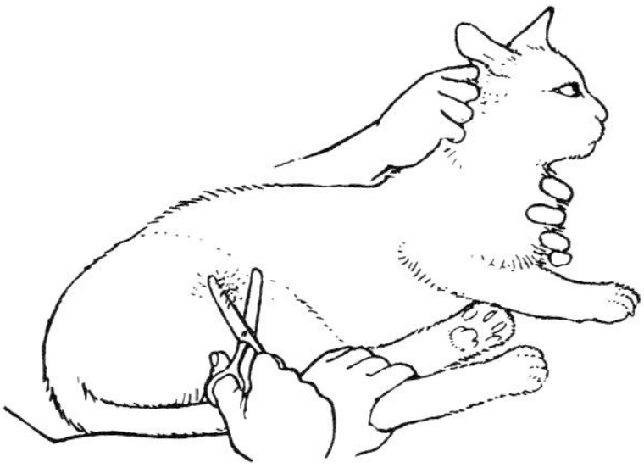

Coupez les poils autour de la plaie

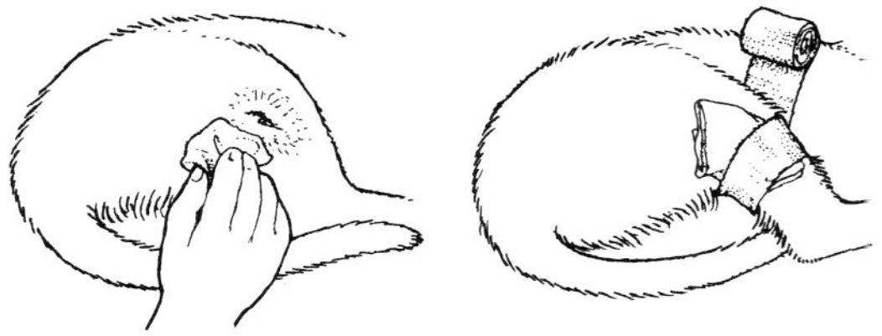

Nettoyez la plaie puis faites un pansement

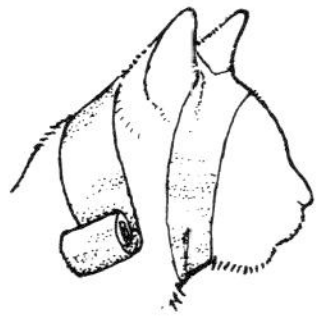

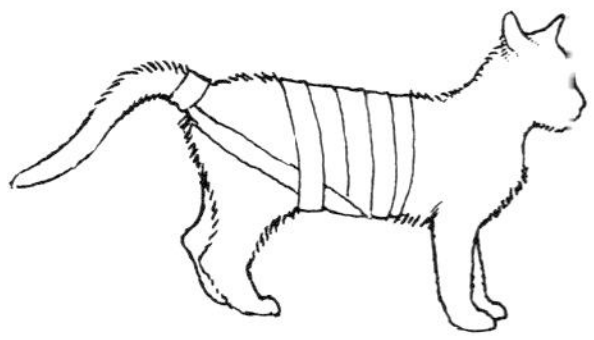

Un pansement autour de la tête

Un pansement à la patte arrière

2 façons de faire un pansement autour du ventre

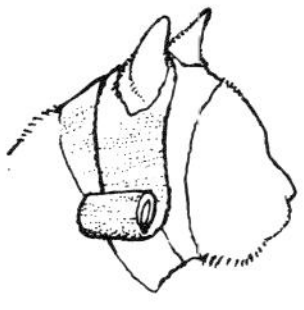

Comment lui faire un pansement

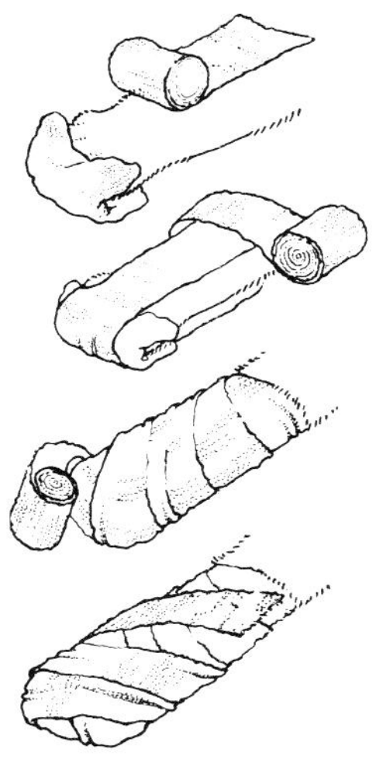

Un pansement au bout de la patte.

Commencer par couper les poils qui entourent la plaie. Regarder à l'intérieur de la blessure s'il n'y a pas de corps étrangers. Si oui, les retirer à l'aide d'une pince à épiler. Désinfecter largement avec une compresse imbibée d'eau oxygénée ou de Dakin. Éviter l'alcool qui, contrairement à ce que l'on croit, est un mauvais désinfectant. Pour nettoyer, partir du centre de la plaie puis remonter jusqu'aux bords. Placer ensuite une compresse de gaze et la faire tenir à l'aide d'une bande extensible, pas trop serrée. Pour fixer le pansement, faire un tour avec de l'élastoplaste en le laissant bien dépasser sur le poil, d'un bon centimètre, de chaque côté de la plaie.

Si la plaie dépasse un centimètre, mieux vaut aller chez un vétérinaire. Il devra peut-être faire des points de suture. Une plaie doit être surveillée et nettoyée tous les jours, sinon elle risque de s'infecter et former un abcès (voir p. 105).

La peau, les poils et leurs maladies

Le corps du chat est recouvert d'une superbe fourrure. Pour nous, cette fourrure est très agréable à caresser, mais pour lui, c'est bien autre chose ! Non qu'il n'apprécie pas les caresses mais, véritable manteau, sa fourrure lui permet surtout de se protéger du froid, un petit peu de la pluie et, ce qui est mieux encore, elle dissimule de nombreuses glandes nécessaires à sa santé.

La peau. Certaines de ces glandes fabriquent et sécrètent un liquide gras, le sébum, très riche en vitamine D. Lorsqu'il fait sa toilette, le chat avale toute cette vitamine qui, par la suite, va l'aider à se défendre contre certaines maladies.

Situées de chaque côté de la tête du chat, d'autres glandes fabriquent des substances odorantes : elles permettent aux chats de se reconnaître entre eux. Quand deux chats se rencontrent, la cérémonie commence. Doucement, ils s'approchent l'un de l'autre et se reniflent sous la queue et de part et d'autre du museau. De la même façon, le chaton s'approche souvent de sa maman pour lui renifler le bout du nez. Ou encore, pour vous marquer son affection, un chat peut venir frotter ses lèvres et son menton contre vos jambes ou vos mains et laisser une odeur que vous ne sentez pas le moins du monde !

Sous sa fourrure, la peau souple du chat lui est aussi une véritable protection. S'il reçoit un coup, sa peau glisse sur les muscles et, le choc ainsi amorti ne laisse pas de trace. Contrairement à nous, le chat n'a jamais de « bleu ».

Les poils. Parlons un peu des robes des chats : il y en a autant de variétés qu'il y a de chats différents. Des tachetées, des rayées, des unies... elles se distinguent toutes les unes des autres. Grâce à elles, les chats peuvent facilement se dissimuler dans un arbre, derrière des feuillages ou... sous un fourré. Quelle aubaine pour chasser sans être vu !

Quant aux rayures de leur visage elles ne sont pas seulement là pour faire joli ! Véritables masques de guerre, elles leur servent à impressionner l'ennemi.

Une belle fourrure est un signe de bonne santé. Un chat a le poil brillant... c'est parfait : il doit être en pleine forme ! Mais attention, sous le poil et sur la peau peuvent se loger et se dissimuler toutes sortes de maladies. Il faut donc souvent regarder ce qui se passe là-dessous !

Les moustaches

Telles des antennes, elles permettent au chat de se déplacer dans l'obscurité sans se cogner, et leur sensibilité est si développée qu'elles le préviennent du moindre obstacle. Si un animal, ou une proie, se déplace non loin du chat, les vibrations captées par ses moustaches vont le prévenir et, immédiatement, il va réagir !

Couper les moustaches d'un chat le prive de son équilibre et c'est cruel. Il va se cogner partout et se mettre à craindre le monde qui l'entoure. Alors ? On n'y touchera plus, c'est promis !

Mon chat se gratte

Si un chat se gratte, c'est que quelque chose le démange, et ce « quelque chose » on va essayer de le trouver.

Écartez ses poils et regardez bien sa peau un peu partout : sur son dos, sous son ventre... alors ! qu'est-ce que vous voyez ? Des petites bêtes qui courent, des plaques rouges, des boutons, des croûtes, des petits points rouge orangé, des petites bêtes blanches fixées au poil ?...

A la recherche des puces

La puce vue au microscope

Les puces et leurs œufs

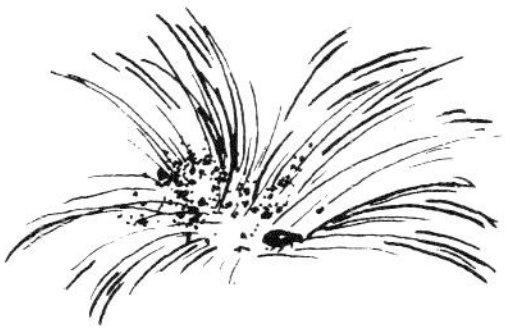

Des petites bêtes qui courent. Ce sont des puces. Plus petites qu'un grain de riz, de couleur marron-noir, elles marchent et courent sur la peau de votre compagnon en se faufilant entre ses poils. Pour se nourrir elles piquent l'animal et lui laissent en souvenir des petits boutons qui grattent très fort. Drôle de façon de le remercier !

Les puces sortent surtout au printemps ou en été, à la campagne comme à la ville. Maintenant, dans les appartements bien chauffés, on en trouve même l'hiver, sous les tapis, la moquette ou entre les lattes du parquet. Il n'est pas impossible que le chat les ait attrapées au contact d'un autre animal qui en avait déjà, ou au cours d'une promenade. Ce n'est pas bien grave, mais il va falloir s'en débarrasser. Pour cela, achetez en pharmacie de la poudre anti-puces pour chat. Ne lui mettez jamais de poudre pour chien. Elle est beaucoup trop forte et risque de l'intoxiquer. Appliquez la poudre à rebrousse-poil, sur tout le corps de votre compagnon et cela, deux fois par semaine, durant trois semaines. Mettez-en aussi à l'endroit où il a l'habitude de dormir. Passez l'aspirateur sur la moquette et les parquets : les puces adorent s'y cacher.

Parfois le chat se gratte tellement qu'il finit par se blesser et se faire saigner. Dans ce cas, le vétérinaire prescrit une lotion qui calme l'inflammation.

Les puces peuvent aussi nous piquer aux jambes. Résultat : on a les mollets couverts de petits boutons rouges qui nous grattent très fort. Pas d'inquiétude, cela n'est pas dangereux, et ça va disparaître en peu de temps.

Des plaques rouges ou des boutons. C'est de l'eczéma ! Vous pouvez en trouver un peu partout sur le corps de votre chat. Le plus souvent, il en a sur le dos, autour du cou ou sur le menton. En faisant glisser vos doigts sur la peau de son dos, à rebrousse-poil, vous sentirez très bien les petites plaques : vous aurez l'impression de caresser du sable.

Les colliers anti-puces

Achetez-les en pharmacie en précisant bien que c'est pour un chat. Pour que les colliers anti-puces gardent toute leur efficacité, on doit les changer tous les trois mois et éviter de les mouiller. Certains chats ne les supportent pas. Ils se grattent tout le temps et finissent par perdre leurs poils autour du cou. Si c'est le cas on s'en aperçoit vite. Il faut alors immédiatement retirer le collier.

Attention aux vers !

Les puces, ça pique et ça gratte, mais en plus, ça peut donner des vers. En se mordillant, un chat risque d'avaler des puces et c'est à l'intérieur du ventre de celles-ci que se loge le ténia *(voir p. 57)**. Une fois dans l'intestin du chat, ces vers se développent et finissent par le rendre malade.*

L'eczéma peut être dû aux piqûres de puces : certains chats piqués réagissent violemment et, par endroits, leur peau se couvre de boutons. C'est une véritable allergie.

Si votre chat n'a pas été piqué par des puces, son eczéma vient peut-être d'une alimentation qu'il supporte mal. Ne mangerait-il pas trop d'aliments en boîtes ou trop de viande ? A moins que son eczéma ne soit d'origine hormonale ?

Quoi qu'il en soit, pour que votre chat guérisse, une visite chez le vétérinaire est nécessaire. Il vous prescrira des anti-inflammatoires.

Attention, l'eczéma risque de recommencer si vous continuez de mal nourrir votre chat ou s'il attrape à nouveau des puces.

Le chat à la campagne

Des petits points rouge orangé collés aux poils. Ce sont de petites bêtes : les aoûtats. Ils se fixent en grappe sur la peau et les poils et provoquent de fortes démangeaisons. Le chat peut les attraper à la campagne, durant la belle saison. Pour le débarrasser de ces parasites, il faut suivre le même traitement que celui conseillé contre les puces (voir p. 99).

Des petits points blancs collés à la peau et aux poils. Ce sont des poux ! De couleur blanchâtre, on les trouve surtout fixés sur la tête et autour du cou du chat. Mais cela n'empêche pas qu'on puisse aussi en rencontrer un peu partout sur son corps. Sur les poils, les poux pondent leurs œufs de couleur blanche : les lentes. Pour éliminer ces parasites, suivre le même traitement que celui employé pour éliminer les puces (voir p. 99).

Mon chat ne se gratte pas, mais il a des bêtes marron accrochées à la peau

Ce sont des tiques. C'est surtout l'été et à la campagne que le chat peut en attraper. On compare souvent ces parasites à un pépin de pastèque, quand on ne les confond pas avec de petites verrues. Ces bêtes s'accrochent à la peau du chat grâce à de petits crochets. Bien « ancrées », elles se nourrissent tranquillement du sang de l'animal. Sur un même chat on peut trouver des tiques de toutes les tailles et de couleurs différentes : blanchâtre, beige ou marron. Tout dépend depuis quand elles ont élu domicile sur le corps de l'animal.

Comment les enlever ? Ne les arrachez surtout pas sans les endormir. La tête de la tique resterait plantée sous la peau et pourrait former un kyste ou un abcès (voir p. 105). Pour les retirer facilement, « anesthésiez » ces parasites en appliquant dessus un coton imbibé de vinaigre, d'essence ou, mieux encore, d'éther, en veillant bien à ne pas approcher ces deux derniers produits d'une flamme. Laissez agir durant deux à trois minutes. Puis, délicatement, tirez la tique avec le coton ou à l'aide d'une pince à épiler. N'oubliez pas de détruire la petite bête enlevée, sinon... elle ne perdra pas de temps pour se trouver une nouvelle victime.

Une tique

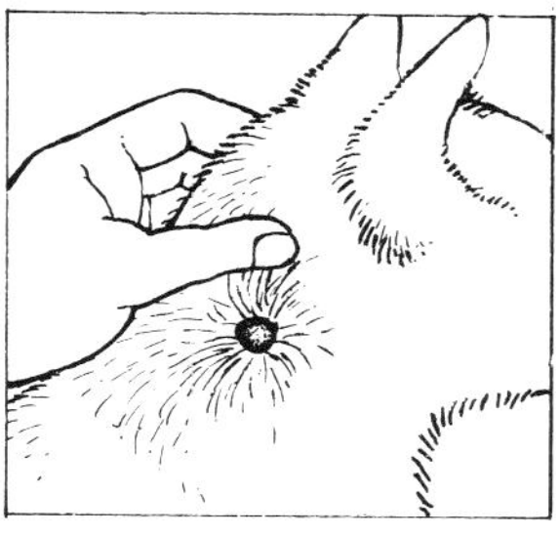

En été, pour être sûr que votre chat n'a pas ramené de tique, inspectez-lui attentivement la peau.

Prenez garde, les tiques apprécient aussi la peau des hommes. Si vous en avez attrapé, pour les retirer, procédez de la même façon que pour votre chat.

Mon chat ne se gratte pas, mais il a une ou plusieurs petites taches rondes sans poils

C'est peut-être la teigne. Cette maladie de la peau est due à un champignon si petit qu'il n'est visible qu'au microscope ! Il s'installe sur les poils et les fait tomber par petites touffes. On voit alors apparaître une ou plusieurs plaques de peau de couleur grise, rondes comme une pièce de monnaie. Ce champignon s'installe souvent sur la tête, sur les oreilles, sur le nez ou sur les lèvres. Mais, il peut aussi s'attaquer aux pattes de l'animal.

Votre chat a sans doute attrapé cette maladie au contact d'un de ses congénères, ou d'un chien, qui l'avait déjà.

Pour le soigner, demandez au pharmacien de vous préparer le mélange suivant : 1/4 de teinture d'iode et 3/4 de vaseline. Appliquez-le soigneusement — pendant trois semaines — sur les lésions. Très souvent, il faut accompagner ce petit traitement d'un médicament contre la teigne que le pharmacien ne pourra vous fournir sans l'ordonnance d'un vétérinaire. Ce médica-

Ce chat a la teigne : ce sont les petites plaques grises

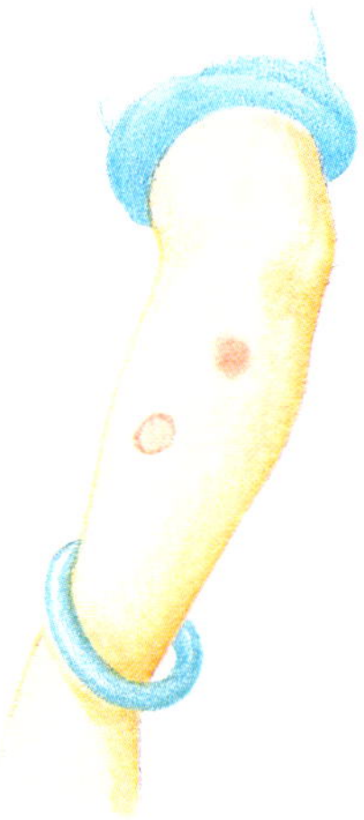

Plaques de teigne
chez l'Homme

ment étant difficile à digérer, broyez-le et mélangez-le avec un petit peu de beurre avant de le donner à votre compagnon.

Pour être bien sûr d'éliminer tous les champignons, passez régulièrement l'aspirateur dans la maison durant toute la période du traitement.

Attention ! Nous aussi nous pouvons attraper la teigne : des plaques rouges, rondes comme une pièce de dix centimes, ou des plaques blanches avec un liséré rouge qui nous grattent ! Il ne faut pas s'inquiéter : ce n'est pas grave. Mais il est tout de même nécessaire de consulter un dermatologue, pour qu'il prescrive un traitement.

Mon chat ne se gratte pas, mais il perd ses poils

Il perd ses poils un peu partout. Deux fois par an, le chat perd ses poils. C'est la mue. Ce système bien pratique lui permet de s'adapter au rythme des saisons. A l'automne, il perd ses poils d'été et se recouvre d'une épaisse fourrure, qui lui tiendra bien chaud pendant l'hiver. Au printemps il perd son gros manteau et ne conserve qu'une « petite tenue » pour l'été.

Mais s'il ne sort jamais et qu'il ne vit qu'en appartement (où il fait doux toute l'année), le chat ne sentira pas les différences de saison et de température. Il perdra ses poils assez régulièrement et... tout au long de l'année. Contre cela il n'y a pas beaucoup de solutions, sinon celle de baisser le chauffage !

La perte des poils peut aussi venir d'une alimentation mal équilibrée ou qui ne lui convient pas. Peut-être mange-t-il trop d'aliments en conserve, à moins que vous n'oubliiez l'huile et la levure de bière dans sa pâtée (voir p. 61) ? Ou encore peut-être est-ce un signe de mauvaise santé? Pour le savoir, emmenez votre compagnon chez le vétérinaire.

Il perd ses poils
sur les pattes arrière

Il perd ses poils seulement sur les pattes arrière ou de chaque côté de son ventre. Son poil devient sec, cassant et tombe. Vous avez l'impression que votre chat est tout pelé. C'est sans doute un problème d'hormones. Ça se soigne très bien mais il vous faudra avoir recours à des médicaments prescrits par le vétérinaire.

Mon chat a une boule molle sous la peau qui lui fait mal

C'est sans doute un abcès. Au début, il devait y avoir une petite blessure dans laquelle se sont glissés des microbes. Ils se sont multipliés sous la peau et ont fabriqué un liquide blanc : le pus.

Pour soigner cet abcès il faut appliquer dessus une compresse d'eau tiède salée ou de Synthol. Et cela tous les jours, durant cinq jours.

Si l'abcès perce tout seul, tant mieux : il ne vous reste plus qu'à nettoyer la plaie avec de la Bétadine et à appliquer de l'Exoseptoplix poudre tous les jours, pendant cinq jours.

Si vous ne voyez pas d'amélioration, que votre chat est fatigué ou qu'il a de la fièvre, il faudra vous rendre chez un vétérinaire.

Le chat a très souvent des abcès, en particulier sur la tête, les joues, les pattes et au-dessus de la queue. Au cours de ses promenades, il lui arrive de se bagarrer et ses blessures de guerre s'infectent. De plus, le chat ayant une peau très élastique, les abcès ont toute la place nécessaire pour s'étendre.

Mon chat a une boule dure sous la peau

C'est peut-être une tumeur ou un kyste. Dans ce cas, seul le vétérinaire pourra la faire disparaître au moyen d'une petite opération.

Mon chat a des frissons sur le dos quand je le caresse.

Chacun des poils du chat est relié à une cellule nerveuse. Aussi, le chat a une sensibilité à fleur de peau. Il apprécie les caresses et parfois même, en frissonne.

Autre chose, la fourrure du chat garde l'électricité statique. En touchant son poil, on peut faire circuler cette électricité sur tout son corps et provoquer ce grand frisson.

Les oreilles et leurs maladies

Le chat a deux radars naturels : ses oreilles. Grâce à leurs larges pavillons, le chat capte tous les sons. Ils glissent le long du conduit auditif pour arriver sur le tympan et faire réagir le chasseur. Sans cesse à l'affût, elles le préviennent du moindre bruit, jusqu'à des sons que l'oreille humaine ne distingue pas. Mais le chat fait des sélections et il n'entend que ce qu'il a envie d'entendre. Si on l'appelle quand il dort, et qu'il a décidé que ça le dérangeait, il ne prend même pas la peine d'ouvrir un œil : il fait la sourde oreille.

En revanche, si on froisse un papier, il pense immédiatement aux grattements d'une souris et le voilà qui réagit !

Ne jouons pas trop souvent non plus avec la porte du réfrigérateur : Monsieur se réveille et bondit pour voir ce qu'on va lui proposer !

Mon chat se gratte les oreilles

La gale des oreilles

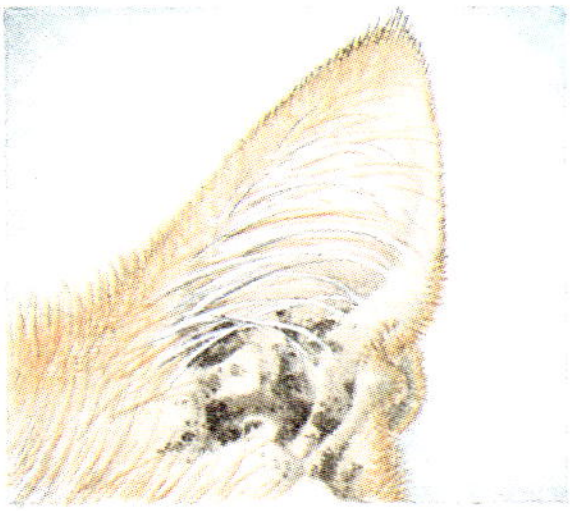

Si votre chat se gratte les oreilles, c'est que quelque chose le démange. Pour comprendre ce qui se passe, il faut regarder attentivement à l'intérieur. Si vous y trouvez des croûtes marron, c'est sans doute la « gale des oreilles ». Cette maladie est due à des parasites. De toutes petites bêtes, visibles seulement au microscope, se sont installées à l'intérieur de l'oreille de votre chat. Pour se nourrir, ces parasites ont creusé des galeries sous la peau, provoquant ainsi de très fortes démangeaisons. Les croûtes marron que vous voyez sont leurs déchets.

Cette maladie est contagieuse : elle se passe entre chats, entre chiens et entre chats et chiens. Il faut vite la soigner, de peur qu'elle ne provoque une infection de l'oreille : l'otite (voir question suivante).

Nettoyez profondément et avec précaution le canal auriculaire de votre chat avec un coton tige imbibé d'eau oxygénée à 10 volumes. Mettez ensuite de 10 à 15 gouttes de glycérine iodée au 1/4 préparée en pharmacie, deux fois par semaine et pendant trois semaines. Si au bout de quinze jours de traitement, cela ne va pas mieux, consultez votre vétérinaire. N'ayez pas d'inquié-

Voilà un chat qui a entendu une souris dans le grenier

tude, la gale des oreilles n'est pas transmissible à l'homme.

Mon chat a un liquide blanc dans les oreilles

C'est le signe d'une infection : l'otite qui peut lui faire très mal. Si c'est le cas, il tient sa tête inclinée du côté douloureux. Cette maladie peut être la suite d'une gale qui n'a pas été soignée à temps, à moins qu'un mauvais microbe ne se soit installé dans l'oreille de votre chat. Pour le soulager, rincez-lui l'oreille avec une solution de deux cuillerées à soupe de bicarbonate diluées dans un demi-litre d'eau bouillie et refroidie et consultez rapidement votre vétérinaire : des antibiotiques sont nécessaires.

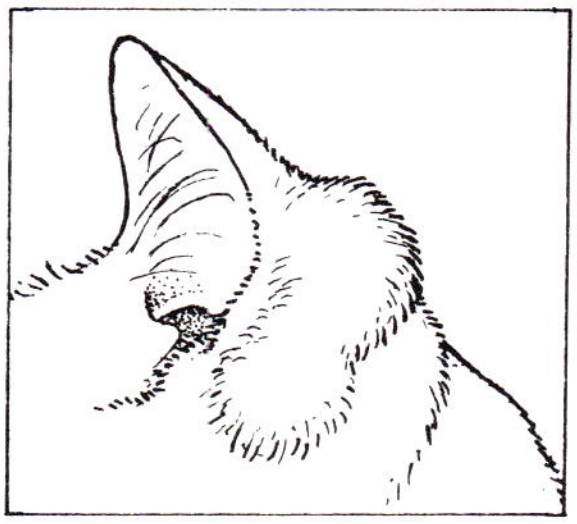

L'hématome de l'oreille

L'oreille de mon chat est toute gonflée

C'est un hématome de l'oreille. Cela arrive souvent quand un chat s'est gratté très fort à la suite d'une gale de l'oreille par exemple (voir p. 106). Des petites veines ont éclaté et du sang a coulé à l'intérieur du pavillon pour former un caillot. Une opération est nécessaire : seul le vétérinaire peut intervenir.

Mon chat secoue sa tête dans tous les sens comme un fou

Quelque chose s'est peut-être coincé dans son oreille. Ça arrive souvent à la campagne. Des épillets ou des petits morceaux de bois se glissent facilement dans le canal auriculaire des animaux. Regardez l'intérieur de l'oreille de votre chat. Si vous y voyez un corps étranger, essayez de le retirer avec une pince à épiler. Si vous n'y parvenez pas, ou que vous ne voyez rien, amenez votre chat chez un vétérinaire.

Mon chat n'entend plus très bien

Comme l'homme et comme bien d'autres animaux, les chats peuvent devenir sourds en vieillissant. N'oublions pas que certains chats aux yeux bleus et de couleur blanche peuvent être sourds de naissance.

Si un chat est sourd, il n'y a hélas plus grand-chose à faire.

Un persan blanc
aux yeux bleus.
Peut-être est-il sourd ?

L'œil et ses maladies

Le chat a des yeux très étranges : ils changent tout le temps ! Parfois, tout le milieu de son œil est noir, puis, tout à coup, il se réduit à une simple petite fente noire.

Ce sont ses pupilles qui, en fonction de la lumière, se rétractent ou se dilatent.

En plein jour, si la lumière est trop forte, les pupilles du chat se referment et ne laissent plus passer qu'un tout petit filet de lumière. Par ce réflexe tout naturel il se protège du moindre éblouissement.

La nuit, les pupilles du chat s'ouvrent toutes grandes. Ainsi, elles permettent à la moindre lumière d'entrer à l'intérieur de l'œil. Ça, nous le faisons aussi, mais le système du chat est bien plus perfectionné que le nôtre. Derrière sa rétine, un tapis de cellules spéciales forme un véritable écran, pouvant refléter la plus petite des lumières. C'est ce qui donne aux yeux des chats cet étrange reflet vert et, surtout, ce qui leur permet de chasser la nuit. Alors que pour nous, la nuit, tous les chats sont gris !

Les chats voient aussi bien la nuit que le jour

Le regard d'un chat est on ne peut plus expressif. S'il veut exprimer sa colère, son mépris ou faire du charme par un simple clignement de paupières, il est le maître.

Mais cet œil qui sait si bien nous dire tout ce qu'il pense, jusqu'à nous troubler et parfois même nous mettre mal à l'aise, voit-il très bien ?

Eh bien, pas toujours. Si les objets sont très proches de lui, il les voit flous. C'est seulement à une distance de cinq ou six mètres qu'il distingue nettement les formes.

Par contre, si un objet ou une proie bouge, sa pupille réagit immédiatement et le chat fait le point sur l'image. D'un coup, d'un seul, avec une précision surprenante, il évalue la distance qui le sépare de l'objet ou de la proie et prend le plus court chemin pour l'atteindre.

On dit souvent que le chat ne voit qu'en noir et blanc. C'est une erreur. Même s'il ne voit pas toutes les couleurs perçues par l'homme, il reconnaît très nettement différentes gammes : du bleu au violet, du rouge à l'orange... de quoi distinguer un arc-en-ciel !

Un instrument aussi perfectionné que l'œil du chat ne peut être que fragile et délicat à soigner. Dans bien des cas, vous aurez besoin de l'aide de votre vétérinaire.

Surveillez régulièrement les yeux de votre chat : ils peuvent vous renseigner sur sa santé.

Mon chat a les yeux qui coulent

Ce sont peut-être des petites saletés qui irritent ses yeux. Comme nous, quand on a une poussière dans l'œil, elle nous gêne et, pour essayer de la chasser, on pleure par réflexe. Pour soulager votre chat, il vous suffit de lui rincer les yeux avec du Dacryoserum ou de l'Optraex (acheté en pharmacie).

Mais cela peut-être aussi le signe d'une grave maladie : le coryza (voir p. 54). Pour en être sûr, amenez votre chat chez un vétérinaire.

S'il a seulement un œil qui coule, il s'est peut-être blessé. Cela arrive souvent quand les chats s'amusent ou se bagarrent. Pour le soigner, voir p. 112.

Mon chat a les yeux tout rouges

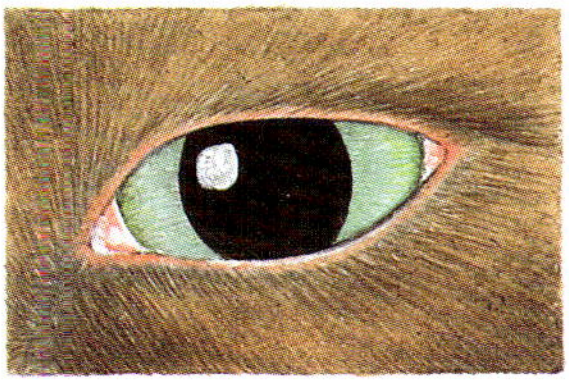
Un œil rouge : la conjonctivite

Le blanc d'un œil ou de ses deux yeux sont rouges ? Ils sont enflammés : c'est une conjonctivite. Cela peut provenir d'une simple irritation, d'une allergie, d'une blessure ou d'une maladie grave comme le coryza (voir p. 54).

Pour calmer l'inflammation, mettez dans les yeux de votre compagnon quelques gouttes d'eau boriquée achetée en pharmacie. Cela ne vous dispense pas d'aller consulter votre vétérinaire.

Mon chat a le milieu de l'œil qui devient blanc

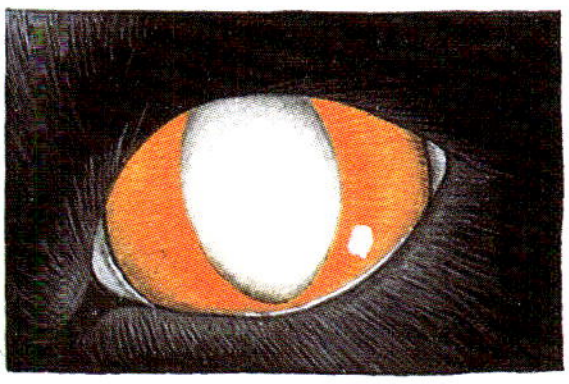
Un reflet blanc dans l'œil : la cataracte

Votre chat a sans doute une cataracte. C'est le cristallin qui blanchit petit à petit jusqu'à devenir opaque. Il empêche alors l'animal de voir correctement. Cela arrive très souvent aux vieux chats. Hélas, il n'existe pas de traitement efficace. Seules certaines cataractes peuvent être opérées. Pour savoir ce qu'il faut faire, consultez un vétérinaire. Ne vous inquiétez pas trop : même si le chat ne voit plus très bien, il peut toujours se repérer facilement dans l'endroit où il a l'habitude de vivre, à condition qu'on ne change pas les meubles de place tous les jours.

Mon chat a une peau blanche qui recouvre une partie de ses yeux

Cette petite peau blanche qui apparaît dans les coins des yeux du chat et qui lui donne un regard troublant, est sa troisième paupière, aussi appelée « corps clignotant ». Normalement, elle se remarque à peine. Si elle couvre une partie des yeux, c'est que quelque chose ne va pas. Certains chats, tristes ou contrariés, peuvent vous manifester leur ennui de cette façon. Si c'est le cas, il n'est pas de meilleur remède que votre tendresse.

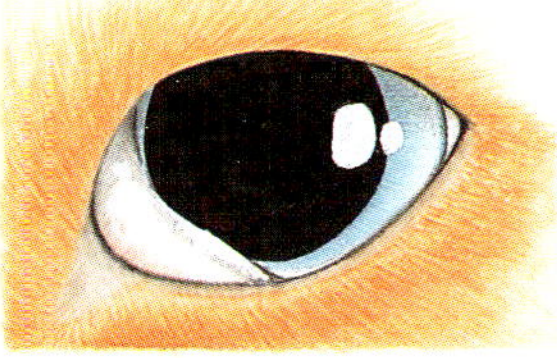
La troisième paupière

Mais votre chat peut aussi avoir une irritation de la cornée, des vers (voir p. 57), des diarrhées (voir p. 120), de la fièvre. Ou il peut s'agir d'une maladie plus grave comme le coryza, par exemple. Pour le soigner, amenez vite votre chat chez un vétérinaire.

Mon chat s'est blessé l'œil

Aïe ! un coup de griffe est si vite arrivé. Achetez tout de suite du bleu de méthylène en pharmacie et mettez-en quelques gouttes dans son œil blessé. Ainsi vous éviterez que l'égratignure ne s'infecte. Si la blessure semble grave, ou si le lendemain l'œil coule encore, amenez votre compagnon chez un vétérinaire.

S'il a une écharde plantée dans la cornée, n'essayez surtout pas de la retirer. Vous pourriez lui faire plus de mal que de bien.

Par contre, pour éviter que le chat n'aggrave sa blessure en se grattant l'œil, mettez-lui un carcan autour du cou (voir p. 94) et, courez chez un vétérinaire.

La bouche et ses maladies

Quand on ouvre la bouche d'un chat, la première chose que l'on voit ce sont ses gencives qui sont de couleur rosée, ses dents blanches, et enfin sa langue rose, recouverte de petites papilles cornées : une véritable râpe miniature. Rien de mieux pour faire briller son assiette ou pour récurer un os. Et pour la toilette, quel merveilleux instrument, capable de ramasser la moindre saleté !

Les dents de lait
à trois semaines

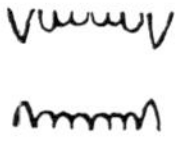

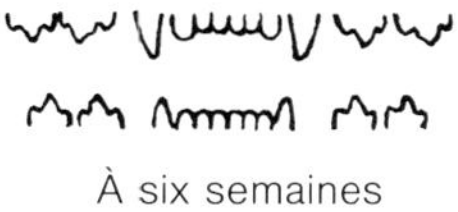

À six semaines

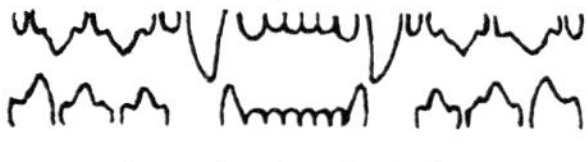

Les dents d'adulte
à six mois

<u>*Les dents du chat.*</u> A la naissance, le chaton nouveau-né n'a pas une seule dent. Ses premières dents (incisives et crocs) ne « pointent » que vers le quinzième jour. Ce sont les « dents de lait », à six semaines elles seront toutes là.

Entre l'âge de trois mois et de quatre mois et demi, les dents de lait tombent pour être remplacées, petit à petit, par les dents d'adulte qui, elles, seront définitives.

A quatre mois les incisives d'adultes apparaissent et à cinq mois ce sont les crocs d'adultes.

A l'âge de six, sept mois, les dents du chat sont bien en place. Il y en a trente : seize sur la mâchoire supérieure et quatorze sur la mâchoire inférieure.

A partir de ce moment, les dents sont de véritables armes pour le chat. Avec ses canines, il attrape ses proies et les tue. On pense même

Les dents du chat : de véritables armes

que l'écartement entre ses deux canines est prévu pour lui permettre de saisir le cou des souris ! Il ne reste plus aux molaires qu'à découper la viande en petits morceaux et à la mastiquer.

Mon chat bave

La prise de certains médicaments peut le faire baver. Mais si vous ne lui en avez pas donné, peut-être que quelque chose le gêne dans sa bouche. Ouvrez-lui délicatement la gueule (voir p. 93) et regardez ses lèvres, ses gencives, sa langue, son palais et le fond de sa gorge. Il peut y avoir une blessure, ou un objet pointu qui n'a rien à faire là (arête de poisson, épingle, etc.).

Si on voit une blessure, appliquer dessus un coton tige imbibé d'Hexomédine collutoire.

Si on trouve un « piquant », le retirer avec une pince à épiler. Gare aux morsures et aux coups de griffes.

Si l'on n'a rien remarqué de tout cela, amener son chat chez le vétérinaire : il bave peut-être à cause d'une gingivite ou d'une maladie de l'estomac, à moins qu'il n'ait trop de tartre sur les dents (voir questions suivantes).

Les dents du chat sont jaunes : le tartre

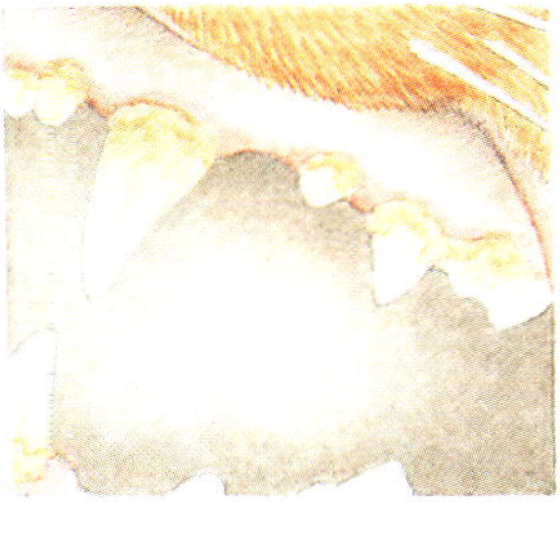

Mon chat a les dents jaunes

C'est du tartre qui s'est formé à partir du calcaire contenu dans la salive et des restes d'aliments. Ces dépôts se collent sur les dents, tout le long de la gencive et deviennent durs comme de la pierre. Ils blessent et irritent la gencive jusqu'à faire baver le chat qui, de plus, a très mauvaise haleine.

Pour le soigner, le vétérinaire fera un détartrage.

Les gencives du chat sont rouges : la gingivite

Mon chat a les gencives rouges

C'est une gingivite : une inflammation des gencives qui est très probablement due à la présence de tartre sur les dents. Parfois ses gencives sont tellement douloureuses que le chat a du mal à manger. Dans ce cas, il faut vite aller voir un vétérinaire.

Quand il mange, mon chat a du mal à avaler

– Peut-être que quelque chose le gêne ? Pour le savoir, ouvrir grande sa bouche (voir p. 93) et regarder tout au fond.

Une arête de poisson peut s'être plantée dans sa gorge !

– Il n'y a pas d'arête, mais sa gorge est rouge. Le chat a attrapé froid et il a une angine. Pour le soigner, le vétérinaire doit prescrire des antibiotiques.

– Les gencives et le fond de sa gorge sont très rouges et il bave. C'est sûrement « la stomatite », une maladie propre aux chats. Quand on essaye de lui ouvrir la bouche, ça lui fait très mal, au point qu'il n'arrive même plus à manger. Souvent cette maladie est provoquée par le virus de la leucose du chat (voir p. 55). Certains médicaments à base d'hormones et de cortisone, délivrés par le vétérinaire, le soulageront.

Mon chat a mauvaise haleine

– Regardez la couleur de ses dents, si elles sont recouvertes de tartre, c'est peut-être de là que ça vient ! (Voir p. 113.)

– Chez le chaton une haleine désagréable et qui sent l'ail, prouve qu'il a des vers (voir p. 57).

Mon chat a des plaques rondes et rouges sur la langue

Ce sont des aphtes. Ils peuvent signaler une maladie comme le typhus ou le coryza. Conduisez sans tarder votre chat chez le vétérinaire.

Une blessure ronde sur la lèvre : le chancre labial

Mon chat a une « blessure » ronde sur la lèvre qui ne guérit pas

C'est probablement un chancre labial qui atteint, en général, la lèvre supérieure.

Au début on pense à une simple plaie. Mais elle ne guérit pas et, bien au contraire, sa taille augmente de jour en jour. Pour la faire disparaître, l'aide du vétérinaire est indispensable. Il fera au chat une piqûre à base de cortisone.

Mon chat a une coupure sur la langue

C'est impressionnant car ça saigne toujours beaucoup. Si la coupure est de petite taille, on va pouvoir se débrouiller tout seul et la désinfecter, en appliquant de l'Hexomédine collutoire, ou du bleu de méthylène dessus. Si la plaie est importante, il est nécessaire d'aller voir un vétérinaire.

Mon chat s'est cassé une dent

Cela peut arriver à la suite d'une chute ou d'une mauvaise bagarre. Si la dent est cassée juste au bout, ce n'est pas grave. Mais parfois, ça peut lui faire très mal, ou s'infecter et provoquer un abcès. Dans ce cas, il faudra retirer la dent. Pour le savoir, emmenez votre compagnon chez le vétérinaire.

Mon chat a le palais fendu

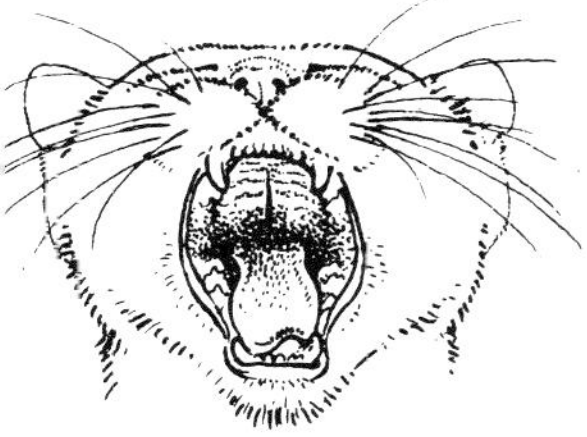
Le palais fendu

Après une chute ou un accident, il faut toujours regarder le palais du chat. Il peut se l'être fendu en tombant. Si la fente est de petite taille, elle ne le gênera pas et se refermera petit à petit.

Si elle est importante, elle gênera le chat quand il mange et des aliments pourront passer dans son nez. Pour le soigner, le vétérinaire devra lui recoudre le palais.

Le ventre et ses maladies

La viande, le riz, les légumes, les œufs... tous ces aliments ne servent à rien tant qu'ils ne sont pas passés par une véritable usine : l'appareil digestif.

Cet ensemble formé de poches et de tubes sert à transformer les aliments en énergie. Et l'énergie, c'est un peu comme l'essence pour une voiture : sans elle, rien ne marche !

Ce long voyage des aliments à travers le corps s'appelle la digestion. Il commence dans la bouche pour se terminer à l'anus.

Quand il est « à table », le chat aime prendre son temps. Si un morceau de viande est trop gros, il le découpe en fines lamelles, l'enrobe de salive et l'avale sans le mâcher.

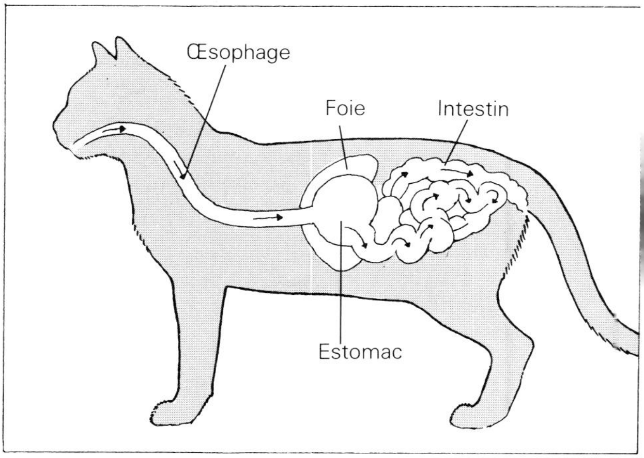

Le tube digestif

Pour aller de la bouche à l'estomac, les aliments glissent sur un véritable toboggan : l'œsophage. Arrivés dans la poche de l'estomac, ils sont attaqués et transformés en bouillie par les sucs digestifs. Puis l'estomac, qui est un muscle puissant, se contracte et rejette petit à petit cette bouillie dans un très long tube : l'intestin. Les éléments nécessaires à l'organisme sont alors absorbés. Ils passent dans le sang qui les transporte dans les cellules du corps du chat. Le voyage va bientôt se terminer. Des aliments du début, il ne reste plus que des déchets : les crottes qui vont sortir par l'anus.

Mon chat ne veut pas manger

Quand un chat ne mange pas pendant toute une journée, cela ne signifie pas forcément qu'il est malade.

– Il n'apprécie peut-être pas la nourriture qu'on lui propose et il en aimerait une autre.

– Une journée très chaude ou un long voyage lui ont peut-être coupé l'appétit.

– Si c'est une chatte, peut-être est-elle en chaleur (voir p. 66).

– A la suite d'un vaccin, votre chat peut se montrer fatigué pendant 24 heures et ne pas manger. Il ne faut pas s'inquiéter, sauf s'il est pris de tremblements, qu'il a du mal à respirer ou à marcher. Il fait peut être une allergie au vaccin.

Mais s'il ne mange pas, et qu'en plus, il semble fatigué et a de la fièvre : il faut l'emmener chez un vétérinaire.

Le ventre de mon chat est gonflé

S'il vient de faire un bon repas, c'est normal. Une fois qu'il aura digéré, son ventre reprendra sa taille normale.

Méfiez-vous qu'il n'ait pas attrapé des vers. Ils pourraient lui donner ce ventre ballonné (voir p. 57).

Si c'est une chatte et que l'on est sûr qu'elle n'est pas « enceinte », peut-être a-t-elle une infection de l'utérus (voir p. 89).

Si c'est un chat ou une chatte adulte qui a le ventre gonflé et qui en plus maigrit, peut-être s'agit-il d'une grave maladie : une péritonite infectieuse féline (voir p. 134), un cancer du foie ou des reins...

De toute façon si un chat montre un ventre anormalement gonflé, il faut l'emmener chez un vétérinaire.

Mon chaton a une boule molle au milieu du ventre

La hernie ombilicale

Cette boule est située à l'endroit où était attaché le cordon ombilical (voir p. 86).

Après la naissance, les muscles du ventre se soudent entre eux et le cordon ombilical disparaît. Parfois, un petit trou, le nombril, ne se referme pas complètement. Alors il laisse passer sous la peau un peu de graisse ou un petit morceau d'intestin : c'est ce que l'on appelle une hernie ombilicale. Pour la faire disparaître, une petite opération sera nécessaire.

Les vomissements

Les aliments arrivent dans l'estomac. Si tout se passe bien, ils continuent leur voyage vers l'intestin. Mais, si quelque chose ne va pas, l'estomac les rejette vers la bouche : ce sont les vomissements.

Si le chat mange quelque chose qui ne lui convient pas, il le rejette immédiatement en vomissant : c'est une protection naturelle.

Mon chat a faim, il a l'air en pleine forme mais, dès qu'il mange, il vomit

Il a peut-être avalé quelque chose d'irritant qu'il n'arrive pas à digérer ou qui lui fait mal à l'estomac : des os, de l'herbe, du papier, etc.

Pour le soigner, il faut le mettre à la diète. Ne rien lui donner à manger pendant un jour ou deux et lui faire avaler, à l'aide d'une seringue (voir p. 93) : une cuillerée à café, matin et soir, de Phosphalugel. Ce médicament est un véritable pansement. Il va lui tapisser l'estomac et calmer sa douleur.

Après la journée de diète, proposez-lui un petit pot de purée pour bébé, au poulet ou au poisson. S'il garde ce repas facile à digérer plus de quatre heures, vous pouvez lui en offrir un autre. Si tout redevient normal, c'est seulement à partir du lendemain que vous pourrez recommencer à le nourrir comme avant, avec, au début, un peu moins de viande.

Mais si le chat a l'air fatigué, qu'il vomit plusieurs fois par jour, ne veut plus manger, qu'il a de la fièvre ou des diarrhées (voir p. 120) en plus de ses vomissements, il faut surtout ne rien lui donner à manger et l'emmener chez un vétérinaire sans perdre de temps. C'est peut-être une maladie grave comme le typhus (voir p. 54).

Mon chat essaie de vomir mais il ne crache rien

Il a peut-être quelque chose de coincé dans la gorge (une arête...) dont il essaie de se débarrasser ou bien il a avalé un corps étranger (un petit caillou, un os, un morceau de jouet...) qui est resté, comme un bouchon, coincé dans son œsophage ou dans son estomac, et il ne parvient pas à l'éliminer.

Parfois, il recrache un peu de mousse blanchâtre : ce sont les sucs digestifs. Quoi qu'il en soit, s'il fait ça plusieurs fois par jour ou qu'il a l'air fatigué, il faut l'emmener chez un vétérinaire.

Mon chat vomit de longs vers blancs

Ce sont des ascaris (voir p. 57). Ils vivent en général dans l'intestin. Mais s'ils sont trop nombreux, ils remontent dans l'estomac et peuvent faire vomir le chat. Pour le soigner, lui donner rapidement un vermifuge acheté en pharmacie. Mais si, en plus de ses vomissements, le chat est fatigué, ne pas hésiter à l'emmener chez un vétérinaire.

Mon chat vomit des boules de poils

Quand il fait sa toilette, le chat avale beaucoup de poils. Ils s'accumulent dans son estomac et forment de véritables petites pelotes qui ne sont pas faciles à digérer. Alors, il les vomit ! En général, pour les éliminer, le chat se « purge » tout seul en mangeant des brins d'herbe (voir p. 60). Mais ça ne réussit pas toujours, surtout si c'est un chat à poil long. Pour l'aider, on peut lui donner du Féligastryl, acheté en pharmacie. Lui en faire prendre régulièrement tous les mois : un comprimé par jour, pendant trois jours. On peut aussi mélanger à sa pâtée, trois jours par mois, une cuillère à café d'huile de paraffine.

En faisant sa toilette, e chat avale des poils

Les diarrhées

Au lieu de descendre comme il se doit, tou doucement le long de l'intestin, les aliments von au contraire y glisser à toute allure. La nourri- ture ressort alors avec toute son eau, sans avoi eu le temps dêtre digérée. Cela donne des crotte liquides que l'on appelle diarrhée.

Mon chat a de la diarrhée

La première chose à faire c'est de prendre sa température (voir p. 90). S'il n'a pas de fièvre qu'il n'a pas l'air fatigué et qu'il continue de manger normalement, peut-être a-t-il tout sim- plement avalé une « cochonnerie » ou un mau- vais aliment. Mettez-le à la diète pendant un jour ou deux. Ne lui donnez à boire que de l'eau de riz et administrez-lui un pansement pour l'intestin Actapulgite : 1/4 de sachet matin et soir dilué dans un peu d'eau. Le lendemain, proposez-lu un petit repas : un peu de blanc de poule mélangé à du riz très très cuit.

Mais si, au bout de ces deux jours de traite- ment, les diarrhées ne s'arrêtent pas, que le cha reste fatigué, qu'il a de la fièvre, et que du sang apparaît dans ses diarrhées, c'est peut-être le signe d'une maladie grave. Il faut vite aller voir un vétérinaire.

Certaines diarrhées peuvent être très longues à soigner (un mois). En plus du traitemen prescrit par le vétérinaire, mettez votre chat au régime suivant : du poulet mélangé à des haricots verts cuits et à du riz très très cuit.

D'autres causes de diarrhées

Les vers peuvent donner de la diarrhée. Vermifugez (voir p. 57) régulièrement votre chat.
– Le lait de vache provoque de la diarrhée chez certains chats. Dans ce cas, coupez-le avec un peu d'eau ou... supprimez-le.
– Les chats contrariés par un déménagement ou par un retour de vacances peuvent manifester leur inquiétude par de fortes diarrhées.

La constipation

La constipation, c'est le contraire de la diarrhée. Le voyage des aliments dans l'intestin se fait trop lentement et les crottes deviennent très sèches et très dures. C'est pour cela que le chat a du mal à les faire sortir.

Mon chat est constipé

Peut-être ne mange-t-il pas assez de légumes verts qui facilitent le voyage des aliments dans l'intestin. À moins qu'il ne soit plus tout jeune : les chats qui vieillissent ont l'intestin qui devient un petit peu paresseux.

Pour le soigner, le mettre à la diète pendant une journée et lui faire avaler durant deux jours une cuillère à café d'huile de paraffine. On peut aussi lui donner un produit qui facilite l'expulsion des crottes. Cela existe sous forme de mini lavement, tout préparé, acheté en pharmacie. (Bebegel, Microlax enfant...).

Suivre ce traitement une fois par jour et pendant deux jours. Si au bout de ces deux jours, le chat ne fait toujours pas ses crottes, l'emmener sans plus tarder chez le vétérinaire.

Le nez, les bronches, les poumons et leurs maladies

Le chat respire. L'air est aspiré par le nez et par la bouche. Il descend le long de deux tubes : les bronches, pour arriver dans deux gros sacs : les poumons. Là, il enrichit le sang en lui donnant son oxygène puis, il ressort en sens inverse, chargé cette fois des déchets du sang : le gaz carbonique.

Si le nez est malade : c'est un rhume, le chat éternue.

Si les bronches sont malades : c'est une bronchite, le chat tousse et peut avoir de la fièvre.

Si les poumons sont malades : c'est une pneumonie, le chat tousse et a de la fièvre.

Le rythme respiratoire normal du chat est de 25 à 30 inspirations et expirations par minute. Il est plus rapide que celui de l'homme qui est seulement de 10 à 15 cycles par minute.

On dit qu'un chat n'a pas beaucoup d'odorat. Bien sûr, il en a moins que le chien, mais il se débrouille quand même très bien ! Grâce à son nez il reconnaît par exemple les personnes qu'il aime de celles qu'il n'aime pas.

Avant de manger, il renifle ses aliments et ne les accepte que si leur odeur lui convient. À tel point que lorsqu'il est enrhumé, comme il ne sent plus rien, il ne s'alimente plus.

Le chat a même du flair. S'il s'aventure dans des endroits inconnus et qu'il se perd, le nez par terre, il recherche sa trace. Reniflant le sol et se repérant grâce aux cailloux qui ont gardé son odeur depuis son passage, il retrouve son chemin !

Le ronronnement

Le chat nouveau-né ronronne pour la première fois quand il tète sa maman.

Plus âgé, pour appeler ses frères et sœurs, il... ronronne encore. L'heure du repas a sonné : le chat ronronne.

On caresse son chat, on le câline gentiment, voilà qu'il ronronne de satisfaction.

Le chat est malade, il souffre, il a peur : il ronronne d'angoisse.

Par le bruit de son ronronnement, le chat manifeste chacune des émotions qu'il éprouve.

Quant à la façon dont il produit ce « ronron », cela reste encore un mystère. On pense que c'est en modifiant la forme de sa glotte (partie de la gorge en avant des cordes vocales), que le chat permet à l'air qu'il respire de faire vibrer ses cordes vocales.

« L'herbe à chat »

Les chats sont particulièrement sensibles à certaines plantes : la valériane ou la cataire, appelées aussi « herbe à chat ». Ils les sentent, mâchouillent leurs feuilles et... deviennent « fous de plaisir » : ça les enivre et ils se roulent par terre, tout excités !

Mon chat éternue

Atchoum ! Une fois, deux fois, trois fois... au début on ne s'inquiète pas, on pense que c'est un petit rhume ; mais voilà que son nez coule et que ses yeux se mettent à pleurer.

Attention, un petit rhume peut rapidement s'aggraver. Si votre chat respire de plus en plus mal, que ses yeux gonflent, deviennent tout rouges, qu'il a de la fièvre et qu'il ne veut plus manger, il a sans doute attrapé le coryza, maladie contre laquelle il aurait dû être vacciné (voir p. 54).

Il faut faire vite et l'emmener sans tarder chez le vétérinaire pour qu'il lui donne des antibiotiques.

La séance de fumigation

Méfiez-vous, le coryza est contagieux, d'autres chats peuvent aussi l'attraper.

Si votre chat a le nez bouché, préparez-lui des fumigations. Prenez une grande boîte en carton à l'intérieur de laquelle vous allez en placer une plus petite, percée de trous. Dans la petite boîte, posez un bol d'eau chaude dans lequel vous aurez fait infuser des feuilles d'eucalyptus ou un comprimé de Pérubore (acheté en pharmacie).

Installez votre chat dans la grande boîte pendant une dizaine de minutes. Mais attention ! Restez près de lui pour le rassurer et veiller à ce qu'il ne renverse pas le bol.

Les vapeurs des médicaments qu'il respire vont calmer ses éternuements et déboucher ses narines. Si vous n'avez pas le temps de préparer des fumigations à votre chat, vous pouvez toujours lui nettoyer le bout du nez avec un coton humide, ça le soulagera.

Si ses yeux sont collés, nettoyez-les plusieurs fois par jour avec un coton imbibé d'eau tiède additionnée d'une infusion de camomille.

Mon chat tousse

S'il tousse une fois de temps en temps, il ne faut pas s'inquiéter. Il cherche peut-être à se débarrasser de petites poussières qui le gênent.

Mais s'il tousse plusieurs fois par jour, et pendant plus d'une journée, c'est peut-être que sa gorge, sa trachée, ses bronches ou ses poumons sont irrités. A-t-il attrapé froid ou un malin microbe serait-il venu s'installer dans son appareil respiratoire ? Commencez par vérifier sa température (voir p. 90). Si elle est normale, gardez votre chat bien au chaud à la maison pendant une journée. Mais si le lendemain il continue de tousser, ou que sa température a augmenté, aller vite chez un vétérinaire.

Si un chat a des vers, sachez aussi que la présence des larves de ces parasites dans ses poumons peut le faire tousser. Pour éviter ce genre d'incident, vermifugez régulièrement votre chat (voir p. 57).

Mon chat respire très vite

S'il a peur ou qu'il a trop chaud, le chat halète. La bouche ouverte, il tire un peu la langue : c'est sa façon à lui de transpirer ! Mais parfois, le chat a aussi du mal à respirer. Ses côtes et ses flancs bougent beaucoup, comme s'il étouffait et qu'il cherchait de l'air. Là, c'est plus grave, il a peut-être une broncho-pneumonie, une pleurésie, une tumeur ou une intoxication... Il faut l'amener sans tarder chez un vétérinaire. Il lui fera probablement une radiographie des poumons avant d'ordonner un traitement.

Les reins, la vessie et leurs maladies

Les reins sont deux gros filtres qui nettoient le sang et éliminent les déchets qui s'y trouvent. Un peu comme une passoire ! Mais une passoire perfectionnée, capable de trier les substances qui pourront rester dans le sang et de rejeter les autres dans les urines. Les urines sont stockées dans une sorte de poche : la vessie. Quand le chat urine : il vide sa vessie.

Il est très important de vérifier si son chat urine bien et sans difficulté. Un chat qui a des problèmes urinaires le signale souvent en « faisant pipi » ailleurs que dans son bac à litière (dans la baignoire par exemple). On doit aussi observer la couleur de ses urines. Si elles sont teintées de rouge, cela signifie qu'elles contiennent du sang (voir p. 125).

Mon chat a du mal à uriner

On s'en aperçoit vite, le chat se rend plus souvent dans son bac à litière, et y reste plus longtemps que d'habitude pour ne faire que quelques gouttes ! Sans doute a-t-il une cystite, c'est-à-dire une inflammation de la vessie. Elle peut être provoquée par un microbe ou par de petits cristaux (des calculs), qui se forment dans la vessie. Ils l'irritent et la font saigner. Cette maladie est douloureuse et c'est pour cette raison que le chat a du mal à faire pipi, ou qu'il urine un peu partout sans pouvoir se retenir.

Si elle n'est pas vite soignée, une cystite peut s'aggraver rapidement. Dès que l'on aperçoit que son chat n'urine plus normalement, ne pas perdre de temps, et aller voir un vétérinaire. Il prescrira un long traitement d'antibiotiques.

Les mâles, comme les femelles, peuvent avoir des cystites. Mais les animaux les plus exposés sont les chats mâles castrés, à qui il faut éviter de donner des croquettes (voir p. 62).

Mon chat n'arrive plus à uriner

On s'en aperçoit lorsqu'on change la litière tous les jours et que l'on voit que le sable n'est pas mouillé, mais aussi quand le chat va dans son bac, qu'il essaie d'uriner et... qu'il n'y arrive pas ! Cette maladie très grave commence par une simple cystite dont on ne s'est pas aperçu et que l'on n'a pas soignée (voir ci-dessus).

Si votre chat n'arrive plus à uriner, c'est que quelque chose empêche l'urine de sortir de sa vessie. Ce sont des petits cristaux (les calculs) qui bouchent le canal (l'urètre) qui conduit l'urine de la vessie vers l'extérieur. Comme c'est bouché, au lieu de sortir normalement, l'urine remonte jusque dans les reins et passe, petit à petit, dans le sang en empoisonnant progressivement le chat. Ne perdez pas une minute et courez chez un vétérinaire.

La première chose que fera le vétérinaire sera d'essayer de « déboucher » ce précieux canal. Pour cela, il glissera un petit tube en plastique (une sonde) à l'intérieur du pénis du chat jusque

L'appareil urinaire

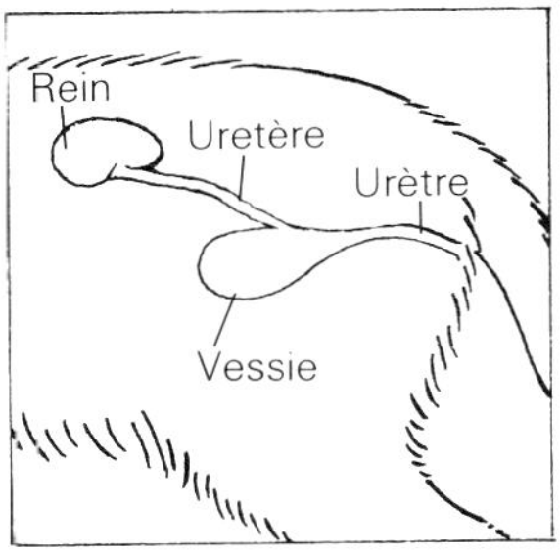

dans sa vessie ce qui permettra à nouveau à l'urine de s'écouler. Parfois, les calculs sont si durs qu'ils empêchent la sonde de passer. Dans ce cas une opération s'impose pour sauver l'animal.

Un conseil : si votre chat mâle a souvent des calculs urinaires, n'hésitez pas à le faire opérer.

Mon chat urine un peu partout dans la maison

Cela peut être dû à une cystite (voir p. 125) à moins qu'il ne soit contrarié (voir p. 45).

Mon chat a souvent soif et boit plus que d'habitude

C'est peut-être le signe d'une maladie des reins : l'*insuffisance rénale.*

Les reins filtrent le sang, gardent les substances qui doivent y rester et rejettent les déchets (urée) dans les urines. Quand le chat vieillit, ses reins s'usent et fonctionnent moins bien. Les déchets passent alors dans le sang et intoxiquent petit à petit l'animal. C'est ce que l'on appelle l'insuffisance rénale. Très fréquente chez les chats âgés, cette maladie les fatigue les fait maigrir, leur donne soif, leur coupe l'appétit et provoque des vomissements. Il n'y a hélas pas grand-chose à faire pour en arrêter l'évolution.

Seul, le vétérinaire peut prescrire un traitement qui facilitera le travail des reins. A suivre tous les jours, ce traitement doit être accompagné d'un régime alimentaire : 80 g environ de viande blanche par jour, des flocons de céréales, des légumes verts, un peu de beurre, de la levure de bière, de l'eau minérale à volonté.

Si le chat refuse de se nourrir, des piqûres faites tous les jours par le vétérinaire lui redonneront de l'appétit.

Ma chatte perd un liquide blanc ou rouge par la vulve.

Elle a sûrement une infection de l'utérus (voir p. 89).

Les mamelles et leurs maladies

Le chat et la chatte ont sur la peau du ventre et de chaque côté, deux rangées de petites boules rose clair : les mamelons. Chez la chatte, on les appelle les mamelles.

Ma chatte a une boule à une mamelle

On peut découvrir par hasard, en faisant la toilette de sa chatte ou en lui caressant le ventre, une petite boule sous la peau d'une ou de plusieurs mamelles. Même si elle est de la taille d'un petit pois, ne vous dites pas « Ça n'est rien, ça va passer tout seul ! » Cette petite boule de rien du tout peut être cancéreuse et grossir rapidement. Consultez un vétérinaire qui vous proposera très certainement de la retirer.

Les mamelles de ma chatte sont chaudes, dures et gonflées

C'est le signe d'une inflammation ou d'une infection des mamelles : la mammite.

Ça arrive quand la chatte a du lait et qu'elle nourrit ses petits : les chatons la griffent et lui mordillent les mamelles. Ou encore si elle a trop de lait après le sevrage (voir p. 76). Pour la soulager, on applique sur ses mamelles des compresses au camphre que l'on fait tenir par un pansement (voir p. 96). Puis, on va voir un vétérinaire : il lui fera une piqûre d'hormones pour arrêter sa production de lait.

Un bandage autour des mamelles

Les os, les muscles et leurs maladies

Sans les os, les muscles, les tendons et les ligaments, un chat ne tiendrait pas debout ! Les os qui composent le squelette sont rattachés les uns aux autres par les muscles et les ligaments. Aidé des articulations, cet ensemble forme l'appareil locomoteur qui permet au chat de se déplacer.

Les muscles et les os du chat sont parfaitement adaptés à sa marche souple et silencieuse, à sa course très rapide (environ 50 km/heure sur une courte distance), à son saut (grâce aux puissants muscles de ses pattes arrière) et enfin à l'escalade, facilitée par ses griffes, qui lui servent de « crampons ».

En cas de chute, le chat se récupère sur ses pattes comme sur de véritables amortisseurs.

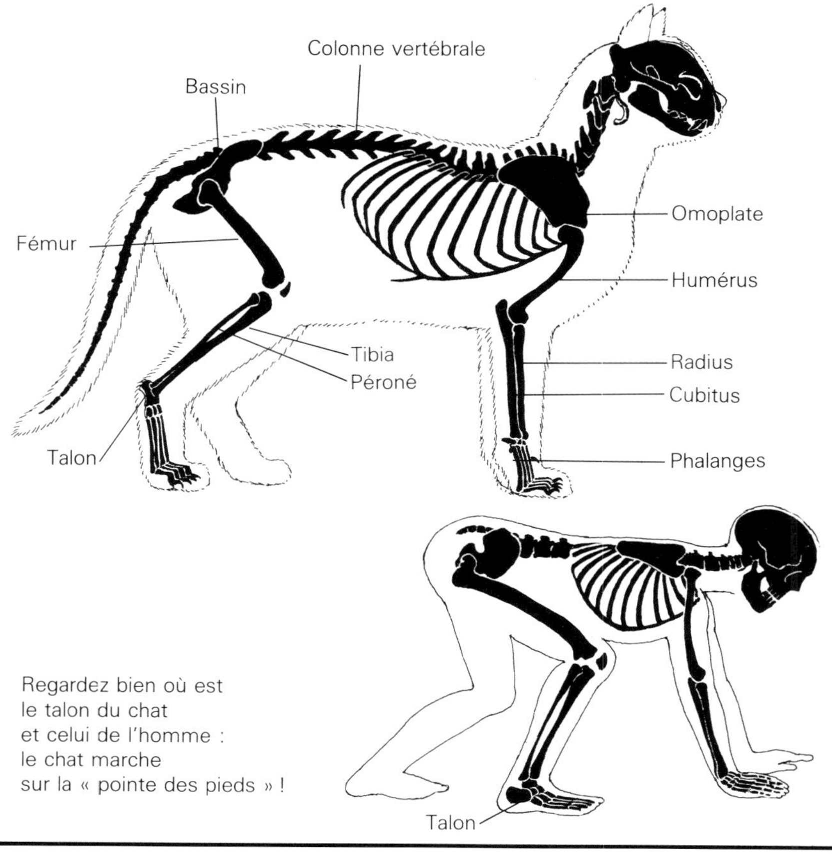

Regardez bien où est le talon du chat et celui de l'homme : le chat marche sur la « pointe des pieds » !

Les coussinets

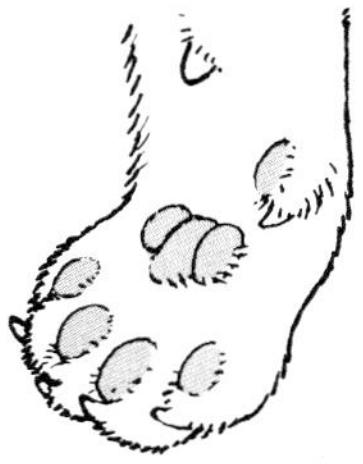

Les coussinets

Avec sa patte, le chat se familiarise avec les objets qu'il ne connaît pas. S'il découvre une chose inconnue, sa première réaction est de la toucher délicatement du « bout des doigts », avec ses coussinets. Ensuite, il la renifle.
Les coussinets sont des organes très sensibles qui renseignent le chat sur la matière des choses et les vibrations du sol.
Et ce n'est pas un hasard si, durant la toilette, le chat lèche autant ses coussinets. Ces organes, indispensables à la perception du monde, doivent toujours être parfaitement nettoyés.

Mon chat boite

Quand un chat boite, c'est qu'il a mal à l'une de ses pattes. Il n'est pas toujours facile de savoir laquelle. Pour la trouver, regardez-le attentivement quand il marche. Si, par exemple, c'est sa patte avant gauche qui le fait souffrir, en marchant il s'appuiera plus sur son côté droit, soulageant ainsi la patte qui lui fait mal. Une boiterie, ça arrive souvent. Il suffit qu'un chat se reçoive mal après un saut, qu'il prenne un coup sur un os, sur un muscle, ou sur une articulation pour qu'il... boite. Une fois que l'on a repéré la patte qui ne va pas bien, il ne reste plus qu'à trouver la cause.

Regardez le bout de sa patte. Il a peut-être un morceau de verre, un petit caillou ou une écharde plantée entre ses doigts ou ses coussinets. Si c'est le cas, retirez délicatement l'objet avec une pince à épiler et désinfectez la plaie matin et soir avec du Mercryl Laurylé ou du Dakin. Si nécessaire, faites un pansement (voir p. 97).

Si vous ne voyez rien, palpez chacun de ses doigts et remontez le long de sa patte jusqu'à ce que vous trouviez l'endroit douloureux. Faites également bouger chacune de ses différentes articulations.

S'il y a un endroit chaud ou douloureux, le chat retirera sa patte immédiatement, manifestant son mécontentement par un « Pff! », un grognement ou un coup de dent! C'est sa façon de dire : « J'ai mal là ! »

Pour calmer sa douleur, vous pouvez lui donner un médicament homéopathique : Arnica 4CH, 1 granule 4 fois par jour. Si le lendemain, la boiterie ne s'arrange pas, il faudra l'amener chez un vétérinaire.

Si la patte du chat est toute gonflée, il a peut-être un abcès (voir p. 105), une mauvaise entorse, ou une fracture (voir p. 131). Dans ce cas, l'emmener sans plus tarder chez un vétérinaire.

Mon chat n'arrive plus à poser une de ses pattes par terre

S'il n'arrive plus à poser une patte par terre, c'est qu'il doit avoir très mal. Il s'agit sans doute d'une mauvaise entorse ou d'une fracture (voir p. 131). Pour le soulager, lui donner 2 granules d'Arnica 4CH et le transporter rapidement chez un vétérinaire, en évitant, bien sûr, de bouger sa patte.

Mon chat a du mal à marcher et à sauter d'un endroit à un autre

Peut-être a-t-il une maladie des os qui empêche la fixation du calcium. Si c'est le cas, il souffre dès qu'il marche, qu'il saute ou qu'on le porte.

Ses os devenus fragiles peuvent se casser facilement. Cette maladie atteint les chats qui reçoivent une alimentation mal équilibrée : trop de foie, trop de poisson et... pas assez de calcium.

Il faut aller voir un vétérinaire qui vous prescrira une série de piqûres de calcium et vous indiquera le régime alimentaire qu'il faut suivre.

Mon chat s'est cassé une griffe

La blessure d'un ongle est très douloureuse. Il faut donc bien tenir votre chat (voir p. 92), avant de toucher le bout de sa patte, sinon il risque de vous mordre. S'il saigne, appliquez sur sa plaie une compresse d'eau oxygénée et faites-lui un pansement (voir p. 97).

Changez le pansement et nettoyez la plaie tous les jours.

Mon chat a une patte cassée

Le bout de la patte du chat pend mollement et il ne parvient pas à la poser par terre. Elle est sûrement cassée. L'endroit où se situe la fracture est gonflé et très douloureux. Si un bout d'os cassé sort de la plaie : c'est une fracture ouverte. Il faut immédiatement désinfecter en versant sur la blessure de l'eau oxygénée à 5 volumes. Envelopper ensuite la patte malade dans un tissu propre et amener le chat chez un vétérinaire.

Fabriquez une attelle

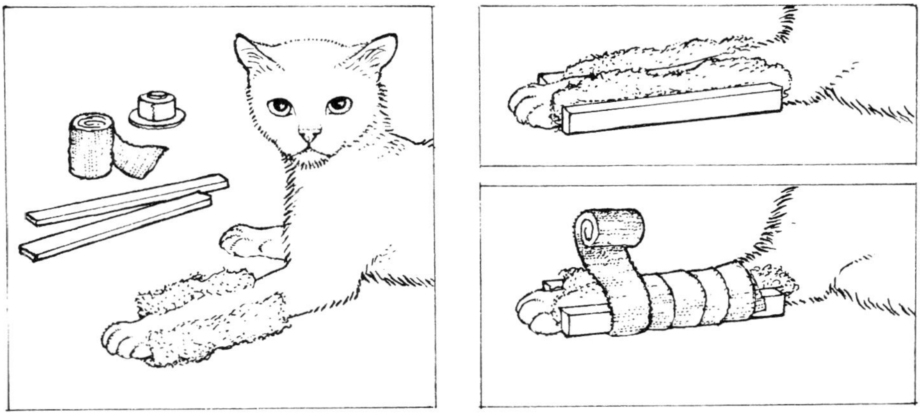

Si la fracture n'est pas ouverte et que le chat ne souffre pas trop, on va lui fabriquer une attelle. Ainsi, on va immobiliser la patte malade avant de transporter l'animal chez le vétérinaire. Pour cela, il faut : un journal ou une grande quantité de coton, deux baguettes de bois, une bande extensible et de l'élastoplaste.

Avant de poser l'attelle, allonger délicatement la patte cassée. L'envelopper avec le journal ou le coton. Placer ensuite de part et d'autre de la fracture, les baguettes de bois. Immobiliser le tout avec une bande extensible assez serrée. Pour finir, fixer l'ensemble avec un tour d'élastoplaste.

Les maladies du système nerveux

Le chat, animal adroit et agile, peut se mettre tout à coup à marcher comme une personne ivre. Il zigzague et trébuche : ce déséquilibre soudain peut venir d'une maladie des oreilles : gale, otite (voir p. 106), d'un empoisonnement (voir p. 143), ou faire suite à un choc.

Mon chat marche de façon bizarre, il perd l'équilibre et tient sa tête penchée sur le côté

Il peut s'agir de plusieurs maladies :

– Une infection de l'oreille, gale (voir p. 106) ou otite (voir p. 107). Le centre d'équilibre du chat étant situé dans son oreille, si celle-ci est gravement atteinte il peut tenir sa tête penchée ou marcher d'une façon saccadée.

– Une intoxication par les plantes (voir p. 45), par un collier ou une poudre anti-puces trop forts, ou par la présence de vers (voir p. 57).

– Chez un vieux chat, une petite artère du cerveau peut s'être bouchée et provoquer de tels symptômes.

Dans tous les cas, n'hésitez pas à aller voir rapidement un vétérinaire.

Mon chat a des crises de tremblements

Le chat tombe, tremble de tous ses membres, bave et urine sous lui. Ce sont des crises d'épilepsie. Elles ne durent que très peu de temps, de quelques secondes à quelques minutes. Après la crise, le chat est très fatigué mais tout redevient normal.

Les crises d'épilepsie peuvent être provoquées par des vers qui vivent dans son intestin ou par une gale d'oreille. En éliminant ces parasites, elles disparaîtront. Mais elles peuvent avoir d'autres causes : malformations du cerveau ou maladies nerveuses.

Si ces crises sont rares (deux à trois fois par an), un traitement n'est pas nécessaire, mais si elles se montrent plus fréquentes, le vétérinaire vous prescrira des anti-épileptiques. Ces médicaments devront être donnés au chat tous les jours et durant toute sa vie.

Le chat âgé

Vers l'âge de huit à dix ans, le chat commence à vieillir plus vite et comme tout animal qui vieillit il devient plus fragile. En étant attentif et en le soignant correctement, on peut l'aider à bien se porter jusqu'à la fin de ses jours (quinze ou vingt-cinq ans peut-être !).

– Il lui faut une bonne alimentation mais, en moins grande quantité : en vieillissant le chat ne doit pas être gros. Préparez-lui de bons petits plats avec de la viande de bonne qualité, des légumes verts, du riz, une cuillerée à café de levure de bière, d'huile végétale et de calcium vitaminé, pas de sel et de l'eau minérale (voir p. 64-65).

– Il faut le protéger du froid et des courants d'air. A cet âge il supporte mal les variations de température.

On doit être vigilant à certains de ses changements de comportement. Ils peuvent marquer le début d'une maladie.

– S'il boit davantage et qu'il urine en plus grande quantité, ça peut être le signe d'une insuffisance rénale (voir p. 126) ou d'un diabète (voir p. 134).

– S'il a du mal à uriner ou qu'il urine en petite quantité plusieurs fois par jour : il a peut-être des calculs urinaires (voir p. 125).

– S'il maigrit beaucoup, il est peut-être atteint d'un cancer ou d'insuffisance rénale (voir p. 126).

– S'il est essoufflé, qu'il a du mal à respirer ou qu'il tousse : il souffre d'une maladie du cœur ou des poumons.

– S'il a du mal à marcher ou à se lever, ce sont ses articulations qui vieillissent : un début d'arthrose qui peut aller jusqu'à la paralysie.

– S'il a des pertes d'équilibre, voir page 132.

– S'il bave ou s'il a du mal à manger : vérifier que ses dents ne soient pas entartrées (voir p. 113).

– S'il voit de moins en moins bien, cela peut-être un début de cataracte (voir p. 111).

– Si son pelage est moins soyeux et que ses poils blanchissent c'est simplement un signe de vieillesse.

Les grandes maladies du chat

– Le typhus (voir p. 54).
– Le coryza (voir p. 54).
– La rage (voir p. 55).
– Les cancers : Comme les hommes les chats peuvent être victimes du cancer. Chez eux, cette maladie touche essentiellement les mamelles, le foie, l'intestin, les reins et les poumons.
– La leucémie du chat ou leucose féline qui est un cancer du sang (voir p. 55).
– La péritonite infectieuse féline : cette maladie contagieuse et incurable est due à un virus. On s'aperçoit qu'un chat en est atteint s'il a souvent de la fièvre (environ 39° 5), qu'il maigrit et que son ventre est gonflé. La péritonite infectieuse peut également provoquer des symptômes nerveux et des difficultés respiratoires. Seule, une analyse de sang permet de diagnostiquer réellement cette maladie.
– Chez la chatte : les infections de l'utérus (voir p. 89).
– Chez les vieux chats : l'insuffisance rénale (voir p. 126).
– Le diabète : c'est une maladie du pancréas (glande qui se situe le long de l'intestin), qui entraîne une augmentation du taux de sucre dans le sang. Le diabète se soigne par piqûres d'insuline. On doit en faire tous les jours et durant toute la vie du chat. Ce traitement s'accompagne d'un régime alimentaire très strict et sans sucre, ordonné par le vétérinaire.

Les maladies transmissibles à l'homme

Quand on est mordu ou griffé par un chat, il faut laver l'égratignure à l'eau ou au savon ou la désinfecter avec du Mercryl Laurylé. Mais il arrive qu'à la suite d'une morsure ou d'une griffure on ait de la fièvre et une inflammation des ganglions. C'est *la maladie « des griffes du chat »*. Pour la soigner, il faut absolument voir un médecin, qui vous prescrira des antibiotiques.

D'autres fois, la morsure gonfle et devient douloureuse. Par sa salive le chat vous a sans doute transmis une bactérie provoquant une infection : *la pasteurellose*. Pour la soigner, le médecin vous ordonnera des antibiotiques.

La maladie la plus grave que peut vous transmettre un chat est bien entendu *la rage*, (voir p. 55). Mais cela n'est heureusement pas aussi courant que cela.

La toxoplasmose. En mangeant de la viande le chat risque d'attraper un parasite : le toxoplasme. Une fois avalé, le toxoplasme s'installe dans l'estomac du chat, s'y développe et lui donne des diarrhées. Ce parasite microscopique, rejeté dans les selles du chat, peut alors contaminer l'homme. Le toxoplasme est à redouter pour les femmes enceintes : il peut se transmettre au bébé et entraîner des anomalies à la naissance. Pour se protéger d'un tel risque, il faut prendre des précautions :

– Porter des gants de caoutchouc pour changer la litière du chat, nettoyer son bac et sa gamelle.

– Empêcher le chat de monter sur la table de la salle à manger ou de rôder autour de la vaisselle.

– Se laver les mains à l'eau et au savon chaque fois que l'on a touché le plat du chat.

Les allergies. Certaines personnes sont allergiques aux poils des chats. Cela se manifeste alors chez eux par des poussées d'urticaire ou des crises d'asthme. Une allergie ne se déclare pas forcément dès le premier contact. On peut devenir allergique aux poils de son chat au bout de quelques mois ou de plusieurs années.

Enfin, divers parasites du chat sont transmissibles à l'homme :

La teigne (voir p. 103).

Les puces (voir p. 99).

Les vers : un chat qui a des ascaris peut contaminer l'homme et surtout les enfants par ses déchets (voir p. 57). Pour s'en protéger la meilleure solution est de vermifuger régulièrement son chat.

LES URGENCES

Par mégarde, un chat peut avaler un poison, se blesser gravement, chuter du quatrième étage d'un immeuble, se faire renverser par une voiture...

Du jour au lendemain vous devrez faire face à une « urgence », et réagir en secouriste pour le soigner ou le sauver.

Mais attention, secourir un chat, ce n'est pas le bouger n'importe comment pour voir s'il réagit. Il faut absolument connaître les gestes à faire, ou à ne pas faire, et quoi qu'il arrive, garder la tête froide, agir rapidement et dans le calme. Chaque minute compte !

Approcher un chat blessé

Aborder un chat que l'on ne connaît pas exige que l'on prenne certaines précautions :

– Il ne faut surtout pas le surprendre ou lui faire peur, mais plutôt tenter de le rassurer en s'approchant de lui calmement et en lui parlant d'une voix douce. On surveille bien chacune de ses réactions et l'expression de ses yeux. Un regard de chat ne trompe pas !

– S'il se laisse approcher sans « cracher », sans grogner, qu'il tremble ou se tapit, on lui donne à sentir le bout de ses doigts. Si tout se passe bien, on le caresse doucement sur la tête et sous le menton.

– Par contre, s'il crache, grogne, plaque ses oreilles en arrière, ou hérisse tous ses poils,

Une ambulance animalière

tel. 47·84·33·44
24/24
LES AMBULANCES
EBRO

l'approche est plus risquée. Un bon moyen pour l'attraper, est de lui lancer dessus une serviette, une couverture ou un manteau. Ainsi recouvert, le chat s'immobilise immédiatement. On le ramasse en se servant du tissu comme d'un sac et en faisant bien attention à ce que ses pattes ne dépassent pas. Un coup de griffe est vite parti !

Transporter un chat blessé

S'il est gentil, il suffit de le soulever en passant votre main sous sa poitrine, en arrière de ses coudes, puis de le ramener contre votre corps. La main qui a soulevé le chat reste sous sa poitrine et bloque ses deux pattes avant. L'autre main sera placée sous le cou du chat de façon à tenir sa tête et à le caresser.

– Si le chat se débat, on peut toujours le saisir par la peau du cou (voir p. 92).

– S'il est vraiment méchant, on l' « emprisonne » dans un linge (voir p. 92).

– Une fracture grave ou un choc violent peuvent immobiliser un chat ou l'empêcher de se tenir debout. Pour ne pas aggraver son cas, on va le transporter avec beaucoup de précaution. Pour le déplacer, on commence par l'installer sur une civière. Avec une main glissée sous les côtes de l'animal et l'autre sous son bassin, on le fait glisser doucement sur la couverture, la planche de bois ou le grand morceau de carton faisant office de civière.

Si le chat ne veut pas rester allongé, on l'immobilise en l'attachant avec des lanières de tissu : l'une passée en avant de ses cuisses, la seconde sur ses flancs et la troisième juste en arrière de ses épaules.

Le chat accidenté

La première des choses à faire est de vérifier s'il respire et si son cœur bat encore.

Pour savoir si le chat respire :

– On regarde ses côtes et ses flancs. Si le chat respire, on les voit se gonfler quand il inspire l'air et s'abaisser quand il l'expire.

– Si le chat est trop gros ou qu'il a les poils

longs, on a du mal à observer les mouvements respiratoires. Dans ce cas, il suffit d'approcher sa joue, le dos de sa main, ou le verre de sa montre contre ses narines. S'il respire, on sentira le souffle du chat, ou le verre de la montre se couvrira de buée.

Si le chat ne respire plus, il faut tout de suite vérifier si son cœur bat en recherchant ses pulsations cardiaques. Pour cela, appliquez vos mains de part et d'autre de son thorax, à 2 ou 3 centimètres de ses coudes.

– Son cœur bat : pratiquer la respiration artificielle par le bouche à nez (voir encadré ci-dessous.

– Son cœur ne bat plus : une réanimation cardiaque et respiratoire s'impose (voir encadré p. 140).

La respiration artificielle

– On allonge l'animal sur le côté.
– On tient sa bouche bien fermée.
– On souffle énergiquement dans ses narines durant 3 ou 4 secondes (comme pour gonfler un ballon). Le thorax doit se gonfler.
– On reprend sa respiration.
– On recommence.
– Après avoir fait 10 à 12 respirations artificielles en 1 minute, on vérifie si l'animal parvient à respirer tout seul.
– S'il respire, on le transporte chez le vétérinaire en le surveillant attentivement.
– S'il ne respire toujours pas, on continue !

Le bouche à nez

La réanimation cardiaque et respiratoire

– Allonger le chat sur le côté.
– Appliquer la paume de sa main sur le thorax du chat (à 5 cm environ en arrière de son coude).
– Appuyer fermement sur le thorax en comptant Un... Deux... et relâcher en comptant... Un.
– Répéter ce mouvement environ trente fois en soixante secondes « Un, deux... Un – Un, deux..., Un... etc. »
– Faire du « bouche à nez » (environ vingt fois en une minute).
– Vérifier ensuite si le chat respire seul et si son cœur bat.
– Si le cœur du chat ne bat toujours pas : continuer la réanimation cardiaque et respiratoire.
– Si le cœur du chat s'est remis à battre mais que l'animal ne respire toujours pas, ne continuer que la respiration artificielle (bouche à nez), jusqu'à ce qu'il respire à nouveau.
– Une fois réanimé, sans cesser de surveiller sa respiration et les battements de son cœur, transporter le chat chez le vétérinaire le plus proche.

Le bouche à nez

Le massage cardiaque

Le chat saigne : les hémorragies

Quand le cœur se contracte, il chasse le sang dans les artères. Ces dernières le distribuent dans les différentes parties du corps et ce n'est qu'après être passé par le chemin des veines que le sang retourne enfin vers le cœur.

Si un chat s'est blessé et que son sang coule, c'est une hémorragie. Si le sang s'échappe de la plaie par jets saccadés, c'est sûrement une artère qui est touchée. Si, au contraire, le sang s'écoule de façon uniforme, seules les veines sont atteintes, ce qui est moins grave.

Comment procéder pour arrêter une hémorragie ?

Si une veine est touchée :

– Couper les poils autour de la blessure pour bien voir la plaie.

– Appliquer dessus une compresse d'eau oxygénée et appuyer avec son pouce durant une minute au moins. Si le sang coule encore, superposer cinq compresses les unes sur les autres ou rajouter un gros morceau de coton.

– Faire un pansement (voir p. 97).

Si une artère est blessée, le chat risque de perdre rapidement beaucoup de sang.

– Appliquer sur la plaie de 5 à 10 compresses superposées et les fixer au moyen de quelques tours d'élastoplaste bien serrés. S'il s'agit d'une artère de la patte ou de la queue, faire un garrot (voir encadré p. 142).

L'état de choc

Si à la suite d'une hémorragie un chat a perdu beaucoup de sang, s'il a avalé un poison ou s'il a eu un violent accident de voiture, il peut être en « état de choc ». Ses gencives deviennent alors très pâles, les extrémités de ses pattes sont froides, et son cœur bat très vite (plus de 150 pulsations par minute). Il faut l'amener de toute urgence chez un vétérinaire.

S'il saigne, on tentera, avant de le transporter, de stopper l'hémorragie. Pour le transport, le recouvrir d'une bonne couverture et placer si possible une bouillotte d'eau chaude contre son corps.

Le garrot

Pour faire un garrot : il faut une baguette de bois et une bande de tissu de 3 à 5 cm de large, une cravate, par exemple. Poser le garrot à quelques centimètres au-dessus de la plaie en faisant deux à trois tours de tissu. Placer ensuite la baguette de bois sur le tissu et la fixer en faisant un nœud. Pour serrer le garrot, tourner légèrement la baguette, comme un robinet, jusqu'à ce que le sang s'arrête de couler.
Une fois l'hémorragie stoppée, on fixe la baguette de bois avec de l'élastoplaste. Il ne reste plus qu'à amener le chat chez le vétérinaire le plus proche. Attention, on doit desserrer le garrot tous les quarts d'heure durant une minute.

Un garrot posé à la queue

Une mauvaise chute

Le chat est un animal si résistant qu'il peut parfois faire une chute de huit ou dix étages et se relever sans la moindre plaie. Après un tel accident, vous devez toujours examiner le chat même s'il vous semble ne rien avoir. Mais :

– s'il est en état de choc (voir p. 14[illegible]),

– s'il saigne (voir p. 141),

– s'il a du mal à respirer (peut-être s'est-il cassé les côtes ou déchiré le diaphragme),

– s'il n'arrive plus à se lever et que ses pattes arrière semblent paralysées (il a peut-être une fracture du bassin),

– s'il ne pose plus une de ses pattes par terre (voir p. 131).

Il faut, après avoir effectué les soins de première urgence, transporter rapidement le malheureux animal chez un vétérinaire.

Il arrive souvent qu'à la suite d'une mauvaise chute, le palais du chat se fende (voir p. 115).

Une brûlure

Si c'est une petite brûlure : nettoyer délicatement la plaie avec une cuillerée à café de Cetavlon diluée dans un demi-litre d'eau. Appliquer ensuite de la biogaze ou, du tulle gras.

Placer par-dessus des compresses stériles et entourer le tout d'une bande Velpeau. Pour fixer le pansement, faire un tour d'élastoplaste. Nettoyer la plaie et changer les compresses tous les deux jours, jusqu'à cicatrisation.

Si la brûlure est grave ou si elle se trouve à un endroit délicat à soigner (sur la tête ou sur une articulation), demander conseil à un vétérinaire.

Les intoxications

Il arrive souvent que par imprudence les chats avalent des produits toxiques : appâts pour tuer les rats, les souris, produits de jardinage, médicaments ou, même, plantes toxiques (voir p. 45).

La plupart des intoxications se traduisent par des tremblements, des vomissements, de la diarrhée et de la salivation.

Il ne faut jamais essayer de faire vomir ou boire un chat qui s'est intoxiqué. On pourrait aggraver son cas. La première des choses à faire est de retrouver le produit qu'il a ingurgité puis de téléphoner rapidement au centre anti-poison le plus proche ou à un vétérinaire.

Les piqûres d'insectes

A force de vouloir jouer avec les insectes, les chats se font piquer. Très souvent c'est la tête, le museau ou les pattes qui sont atteints. Une piqûre gonfle très vite. Si l'aiguillon de l'insecte est resté planté dans la peau, le retirer avec une aiguille ou une pince à épiler. Puis, pour désinfecter la piqûre et calmer la douleur, appliquer une compresse imbibée de vinaigre.

Gare aux piqûres d'insectes

Les morsures de vipère

Quand nous nous promenons dans des endroits à vipères, il suffit de frapper le sol avec un bâton pour les prévenir de votre présence. Percevant les vibrations, elles prennent immédiatement la fuite.

Le chat, lui, ne sait pas que la vipère est dangereuse. Sans crier gare, il bondit dans les fourrés au risque de se faire mordre ! Le chat mordu lèche énergiquement sa plaie. Si on regarde bien, on aperçoit sur sa peau deux piqûres rouges, un peu gonflées et espacées de quelques millimètres l'une de l'autre.

Il faut immédiatement placer un garrot, à quelques centimètres au-dessus de la blessure (voir p. 142). Désinfecter ensuite la plaie avec du Mercryl Laurylé ou de l'alcool à 90° et transporter, en le brusquant le moins possible, le chat chez un vétérinaire.

Attention ! Contrairement à ce que l'on croit, il ne faut jamais saigner ni sucer la plaie dans l'espoir d'en retirer le venin. Éviter également d'injecter un sérum antivenimeux sans le contrôle d'un vétérinaire. De nombreux chats allergiques au sérum peuvent avoir une réaction plus grave que la morsure elle-même.

Attention ! Vipère

EN VACANCES

C'est le départ en vacances ! Est-ce que vous n'avez rien oublié ? Tout est bien dans le coffre ? Vérifiez un peu :

– Son bac à propreté.
– Sa litière.
– Son premier repas.
– Son carnet de vaccination et sa carte de tatouage.
– Son collier avec sa médaille et sa laisse.
– Le collier et la poudre anti-puces.
– Sa pharmacie.

Tout y est : c'est parfait ! Alors en route.

Le chat en voyage

Il est conseillé de mettre son chat à la diète 12 heures avant le départ. Ainsi, les vomissements et les petits besoins seront limités durant le voyage.

Si, en voyage, le chat est agité ou qu'il a tendance à vomir, par mesure de sécurité faites-lui avaler un calmant et un anti-nauséeux (acheté chez un vétérinaire) une demi-heure avant le départ.

N'oubliez pas de tapisser son panier de papiers absorbants ou de serviettes et de prévoir une bonne réserve d'eau. C'est connu, les voyages donnent soif !

En voiture : il n'est pas du tout prudent d'installer un chat sur la banquette arrière. Effrayé par le

bruit d'un klaxon ou par un coup de frein violent, il peut, en moins de deux, atterrir sur le conducteur et provoquer un accident.

Tous les 200 kilomètres environ, il est bon de s'arrêter, pour se dégourdir un peu les pattes. Mais prudence, tenez votre chat en laisse (voir p. 43). Sinon vous allez vous retrouver au sommet d'un arbre, essayant de le convaincre de descendre, à quatre pattes sous un buisson l'appelant désespérément, ou encore courant à sa poursuite en risquant un accident !

Le certificat
de bonne santé
et le carnet de vaccination

En train : le chat doit voyager dans son panier. Même si c'est à un prix réduit, il doit parfois payer son billet. Renseignez-vous auprès de la S.N.C.F. ou d'une agence de voyages. Si le chat se montre nerveux durant le voyage, n'hésitez pas à lui administrer un calmant.

En avion : en achetant votre billet d'avion prévenez que vous voyagez avec un chat car, comme pour le train, on peut vous demander de payer un supplément.

En général les chats supportent très bien les voyages en avion. Mais, il est toujours prudent de prévoir un tranquillisant à lui administrer en cas de besoin.

En bateau : le voyage n'est pas payant pour les chats mais on peut toujours vous demander une petite participation pour sa nourriture. Attention au mal de mer. Les chats y sont très sensibles. Il faut prévoir un anti-nauséeux, acheté en pharmacie ou chez un vétérinaire.

Pour passer les frontières avec un chat.

Ne pas oublier son carnet de vaccination, son certificat anti-rabique (voir p. 55) et son certificat de bonne santé valable seulement 10 jours et délivré par le vétérinaire.
Attention, certains pays étrangers refusent de recevoir les animaux. Avant le départ, renseignez-vous auprès du consulat du pays dans lequel vous prévoyez de vous rendre.

En autocar, bus, métro, taxi : bien gardés dans leur panier, les chats y voyagent bien et gratuitement.

Vous ne pouvez pas l'emmener

Vous devez pouvoir le laisser à des amis. En général, tout se passe très bien. Mais parfois, le chat ne supporte pas la séparation et là, c'est la catastrophe ! Il peut rester sans manger pendant plusieurs jours, perdre ses poils, grimper à tous les rideaux de la maison, faire tomber les pots de confitures dans la cuisine, ou casser un bibelot par-ci, par-là ! Et, même si ce sont de très bons amis qui gardent votre chat, ça peut très mal finir. Si vous ne voulez pas risquer de tels conflits, il existe des pensions pour chats. Pour obtenir leurs adresses, il suffit de vous renseigner auprès de la S.P.A. ou de votre vétérinaire.

Pour que votre chat soit accepté dans une pension, il doit obligatoirement être vacciné (voir p. 55).

On est arrivé !

En général, le chat supporte très bien les voyages. Ce n'est qu'une fois arrivé qu'il peut montrer une certaine inquiétude à l'égard de son nouveau domicile. S'il est perturbé, il faut le rassurer, le mettre à l'aise et lui installer très vite son lit dans un endroit calme et chaud.

Son bac à propreté sera placé à l'abri du bruit et des regards indiscrets !

Surtout, ne le laissez pas sortir seul durant les trois jours qui suivent votre arrivée. N'ayant pas encore eu le temps de marquer son territoire et de prendre possession des lieux, il risquerait de se perdre ! (voir p. 41).

Certains hôtels, campings et caravanings n'acceptent pas les chats. Il faut vous renseigner avant de choisir. Il existe dans le commerce un guide (Rousselet Blanc, Édition Pierre Horay) avec les adresses des hôtels, campings et caravanings qui acceptent les animaux.

En camping et caravaning il n'est pas conseillé de laisser vadrouiller son chat tout seul, il pourrait se perdre.

Pour qu'il ne se perde pas

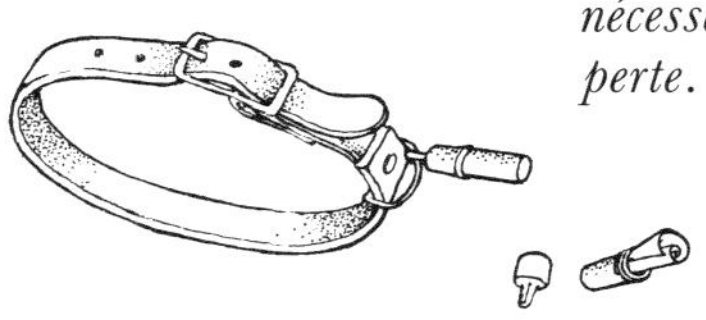

Ne pas oublier de faire porter à son chat un collier élastique avec une médaille (voir p. 35). Il existe aussi de petits tubes dans lesquels vous pourrez glisser un papier avec tous les renseignements nécessaires pour qu'on vous le ramène en cas de perte. Mais rien ne vaut le tatouage (voir p. 29).

A la plage : attention aux coups de chaleur (voir p. 151). Si vous amenez votre chat à la plage pensez toujours à bien l'abriter du soleil mais en général le bord de mer ne lui dit trop rien. Alors, dans la journée, mieux vaut le laisser à la maison avec ses jouets.

A la campagne : s'il a l'habitude de vivre en appartement, il sera peut-être étonné par le changement brutal d'environnement. Dans les premiers temps, il risque de ne pas vouloir sortir. Mais dès qu'il aura goûté aux joies des petites virées campagnardes : jeux, chasse, etc., vous ne pourrez plus le retenir. Attention, dehors les dangers sont nombreux : coups de fusil, pièges à mâchoires, poisons... Il faut bien surveiller les endroits où il met son nez et ses pattes.

La fin des vacances

Le chat a pris goût aux vacances. De nouveau en appartement, il a l'air triste, se montre nerveux et fait des bêtises : il recommence à grimper aux rideaux, fait pipi un peu partout... qu est-ce qui lui arrive? Pas de panique. Restons calme et gentil avec lui, en quelques jours tout sera rentré dans l'ordre.

Dès votre retour pensez à le vermifuger (voir p. 57) et à lui faire un traitement anti-puces (voir p. 99) : votre chat risque d'avoir attrapé des parasites.

Le coup de chaleur

Ne laissez jamais un chat enfermé dans une voiture qui a les fenêtres complètement closes. Et surtout s'il fait chaud. Un coup de chaleur est vite attrapé. Pour abriter votre animal, garez-vous toujours à l'ombre. Attention ! Au fil de la journée le soleil va changer de place : pensez à déplacer votre voiture. De même, si vous êtes en vacances et que vous décidez de vous arrêter quelque part, vérifiez qu'il y ait un coin d'ombre pour protéger votre chat du soleil. Si malgré vos précautions il a attrapé un coup de chaleur, il perd alors connaissance et tout son corps tremble.
Pour le réanimer, trempez-le rapidement dans un bain d'eau fraîche ou appliquez sur sa tête des linges mouillés avec de l'eau froide ou bien une poche de glaçons.
S'il reprend connaissance (cela peut mettre de 5 à 10 minutes) : donnez-lui à boire.
S'il ne reprend pas connaissance : au plus vite, conduisez-le chez un vétérinaire.

ADRESSES UTILES

Urgences vétérinaires
S.O.S. vétérinaire
Paris et proche banlieue :
(1) 48.32.93.30 et
(1) 48.71.20.61
Banlieue : (1) 46.02.45.07
Val-d'Oise : (1) 34.15.33.22
Lyon : 78.54.00.71
Marseille : 91.54.00.58
Lille : 20.51.93.16
Strasbourg : 88.32.69.14
Vétérinaires à domicile (Paris) :
(1) 45.75.04.14
(1) 42.07.70.63
(1) 47.46.09.09
(1) 42.65.00.91

En cas d'intoxication
Centre antipoison Fernand Widal de Paris :
(1) 42.05.63.29
Centre national d'informations toxicologiques vétérinaires de Lyon : 78.87.10.40

Ambulances animalières
Aura Paris : (1) 43.77.04.61
Service mobile de secours animaliers : (1) 47.84.33.44
S.O.S. Dog Marseille : 91.64.61.66
S.O.S. Animaux Bordeaux : 56.04.16.19 - 56.96.01.47

Dispensaires de soins aux animaux
8 rue Maître-Albert 75005 Paris (1) 46.33.94.37
90 rue J.-P. Timbaud 75011 Paris (1) 43.55.76.57
Benoît Cavalier 66 rue Paul Foliot 76140 Le Petit-Quévilly 35.63.20.27
Rue Nicolas Leblanc 62800 Liévin 21.45.25.55
Rue des Aubivats 80260 Poulainville 22.52.16.30
7 quai général Sarrail 69006 Lyon 78.52.61.17
17 *bis*, avenue Maurice Jeanpierre 06110 Le Cannet Rocheville 93.69.92.95
101, place des Géants 38000 Grenoble 76.09.43.67
38 *bis*, rue du Poirier Rond 45000 Orléans 38.83.97.31
1, rue Raspail 66000 Perpignan 68.50.91.60

Écoles vétérinaires
Paris : 7 avenue du général-de-Gaulle 94704 Maisons-Alfort 43.96.71.00
Lyon : Route de Saint-Bel 69260 Marcy l'Étoile 78.87.00.84
Nantes : Route de Gachet B.P. 527 44026 Nantes 40.30.08.40
Toulouse : 23 chemin des Capelles 31076 Toulouse 61.49.11.40

Protection animale
S.P.A.
39 boulevard Berthier
75017 Paris (1) 43.80.40.66
Minitel 36.15 code S.P.A.
Refuge S.P.A. de Gennevilliers
30, avenue Charles de Gaulle
92230 Gennevilliers
(1) 47.98.57.40
Ligue française contre la vivisection
84 rue Blanche 75009 Paris
(1) 45.26.37.57
Confédération nationale des S.P.A.
17 place Bellecour 69002 Lyon
78.37.83.21
Association pour la défense des animaux de compagnie
3 rue de l'Arrivée B.P. 107
75749 Paris Cedex 15
(1) 45.38.70.06
Assistance aux animaux
90 rue J.-P. Timbaud 75011 Paris (1) 43.55.76.57
Protection du chat
8 rue Protis 13007 Marseille 91.52.70.93
Aire du chat
24 rue de Saintonge 75003 Paris (1) 48.05.10.13 - (1) 42.71.13.47
École du chat
17 rue Hégésippe Moreau 75018 Paris
Le chat et la ville
B.P. 67 14012 Caen Cedex
31.82.46.46
Bénévole protection féline
64 rue du Chemin vert 75011 Paris

Conseils gratuits
Association française d'informations et de recherche sur l'animal de compagnie (AFIRAC)
23 rue du Cherche-Midi
75006 Paris (1) 45.44.03.48

Associations félines
Fichier national félin
siège social : 7 rue Décrès 75014 Paris (1) 45.45.31.31
Cat-Club de Paris
75 rue Claude Decaen 75012 Paris (1) 46.28.26.09
Cercle félin d'Ile-de-France
7 rue Chaptal 75009 Paris
(1) 48.78.43.54
Cercle félin de Paris
22 rue Eugène Givors 94240 l'Hay-les-Roses
(1) 46.65.71.35
21 rue Franklin 75016 Paris
(1) 45.20.67.74
Chats de France
207 rue de la Ville de Paris 95530 La Frette-sur-Seine
(1) 39.78.53.95
Club félin français
5 résidence Les Princes 78590 Noisy-le-Roi (1) 42.70.19.07
Loisir félin français
1 rue Bardin 92110 Clichy
(1) 42.70.93.89
Fédération féline française
75 rue Claude Decaen 75012 Paris (1) 46.28.26.09
Association des chats de France
207 rue de la Ville de Paris
95530 La Frette (1) 39.78.53.95

En cas de perte
Commissariat de votre ville.
Refuge S.P.A. de votre région :
Help animaux
26 rue du Bouloi 75001 Paris
(1) 45.08.07.74
Fichier national félin
Service recherche S.P.A.
(1) 47.98.57.40

Pensions-garderies
Numéro vert (appel gratuit) : 05.34.07.95

Assurances
AMPAC
6 rue Bezout 75014 Paris
(1) 43.20.39.97
APA
17 rue Caulaincourt 75018 Paris (1) 42.55.72.00
Assurances St-Bernard
3 rue Jules-Guesdes 87000 Limoges 35.34.16.36
Concorde Assurance
5 rue de Londres 75009 Paris
(1) 42.80.66.00
MGFA
18-19 rue du Faubourg-Saint-Honoré 75008 Paris
(1) 42.65.72.90
Rendez-moi à mon maître
67 bd Haussmann 75008 Paris
(1) 42.66.11.60
SIMPA
44 rue des Acacias 75017 Paris
(1) 42.67.89.77

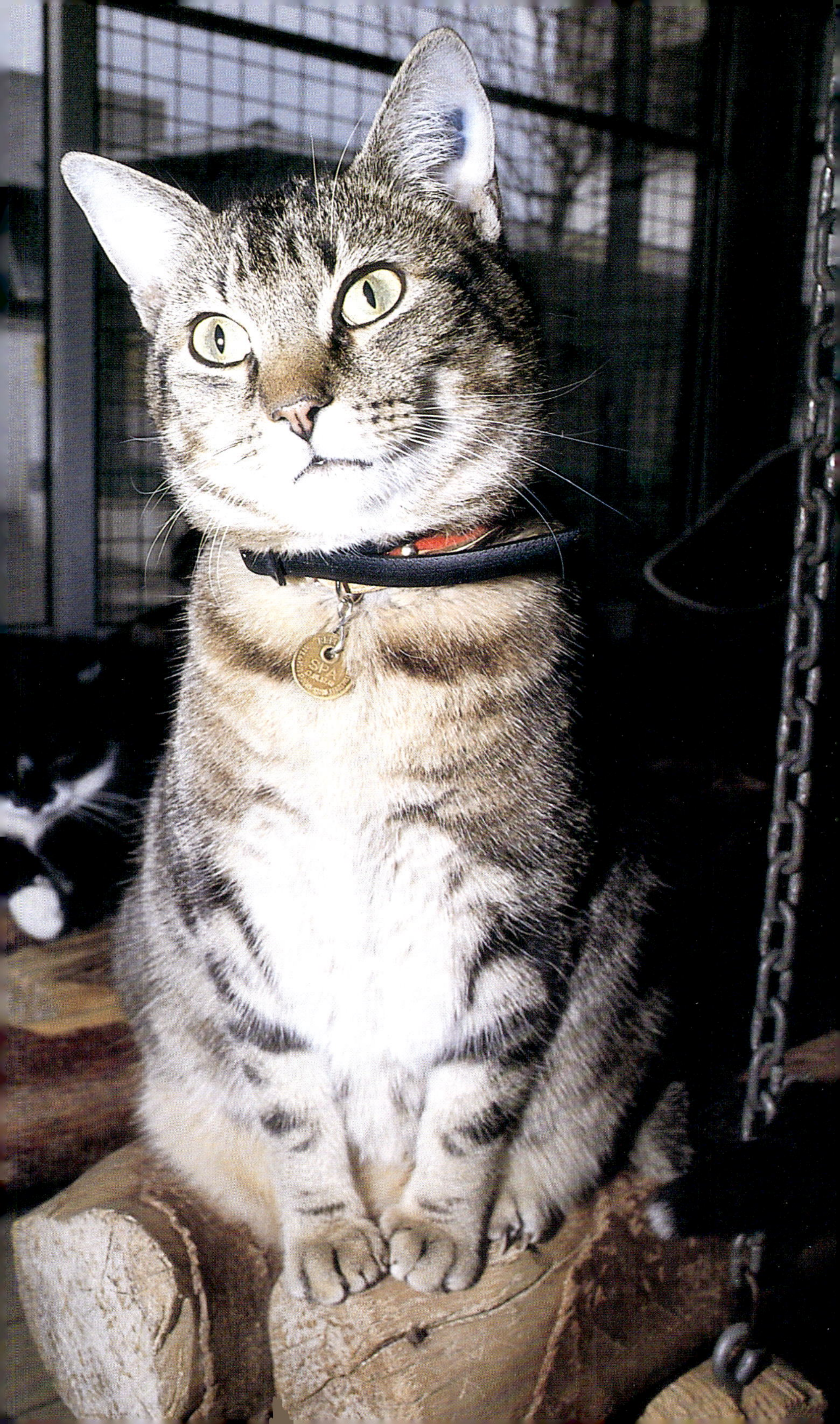
SPA

INDEX

Les numéros de page en italique renvoient à des illustrations.

Sources iconographiques

Couverture : J.-M. Labat, Jacana. 9 : Vloo-Mery. 33 : G. Lacz. 49 : G. Lacz. 53 : G. Sommer, Jacana. 67 : J.-P. Thomas, Jacana. 77 : G. Lacz. 80 : G. Lacz. 91 : Zapo Apolline Marion. 95 : Zapo Apolline Marion. 137 : D. et S. Simon. 147 : Pitch-S. Cordier. 153 : D. et S. Simon.

Les dessins des pages 59, 61, 63, 64, 65, 72, 101, 103, 108, 145 bas, sont de Anne Leduc.

Nous remercions l'Institut Rhône-Mérieux qui nous a gracieusement communiqué la carte des zones touchées par la rage en France.

Imprimé en France par I.M.E. - 25110 Baume-les-Dames
N° d'édition : 11 - N° de collection 17 - N° d'impression : 11867
Dépôt légal n° 5234-10/1997

ISBN : 2-01-019768-2

29/1251/7